상담교사가 알려주는
면접 에센스
50문 100답

서울고시각
www.gosigak.co.kr

상담교사가 알려주는 면접 에센스: 50문 100답

머리말

　추운 겨울에 임용면접을 준비하며 몸도 마음도 떨렸던 기억이 납니다. 빨리 이 시간이 지나가면 좋겠다가도 더 준비할 시간이 많으면 좋겠다는 생각도 들었습니다.

　이 책은 예비교사들과 교사들이 마주하는 학생상담과 위기사안 대처 방안을 면접 답안의 형태로 제시하고 있습니다.

　면접을 준비하던 당시 상담교사에 대한 이야기를 담은 책이나 실질적인 학교에서 일어나는 사례들과 대처 방안을 알 수 있는 책들은 부족하여 아쉽다고 느꼈습니다. 상담교사가 활용할 수 있는 그리고 학생들의 사안을 다루고 있는 책이 있으면 좋겠다는 생각이 들었습니다. 그렇게 면접을 준비하며 언젠가 이 길을 걸어갈 다른 예비선생님들께 도움이 되면 좋겠다는 마음으로 준비했던 것들이 모여서 이 책을 출간하게 되었습니다.

　이 책은 특정 교과나 학교급에 한정되지 않고 학교현장에서 만날 수 있는 다양한 유형의 학생들을 상담하는 방법과 위기사안 대처에 대해 면접에서 활용할 수 있도록 구성한 책입니다. 실제 면접장에서 활용하기에 가장 적합한 형태로 제시하기 위해 답안 위주로 작성하여 간혹 어떤 부분에서는 설명이 더 필요하다고 느끼실 수도 있을 것 같습니다만 다양한 상담기법을 활용한 답변을 통해서 선생님들께 영감을 줄 수 있다면 그것 또한 의미가 있지 않을까 합니다.

　학교에서는 예상할 수 없는 일들이 발생하고 이때 한 사람의 힘이 아닌 학교의 여러 구성원들과 함께 의논하여 힘을 합쳐 다양한 방법으로 해결합니다. 이처럼 면접에도 하나의 답만 있는 것은 아니라고 생각합니다. 정답이나 해결책을 제시하는 것도 중요하지만 저는 문제의 원인에 초점을 맞추는 것이 더

중요하다고 생각했습니다. 책을 살펴보시면 문항마다 어떤 관점에서 해당 답변을 한 것인지 저희의 팁이 적혀 있습니다. 팁을 적은 이유는 선생님들이 해당 답안들을 정답(正答)이라고 생각하지 않았으면 좋겠다는 마음 때문이었습니다. 저희는 면접을 준비하는 것은 단지 질문에 대한 답을 제시하는 것이 아니라 선생님들이 이미 가지고 계신 강점을 활용하여 자신만의 답을 찾아나가는 과정이라고 생각합니다. 따라서 이 책이 길라잡이의 역할을 하기를 바라봅니다. 선생님들만의 색을 담은 답변을 찾으실 수 있다면 좋겠습니다.

   임용시험에서 합격에 도달하기 위한 여정은 참 깁니다. 그래서 합격이라는 단어에 누구나 간절한 마음일 것입니다. 겨울 뒤에 반드시 봄이 오듯이 시험의 여정도 끝이 있습니다. 이 책이 시험의 여정에 힘이 되면 좋겠습니다. 선생님들께서는 부단히 노력하여 이제 임용시험이라는 긴 여정의 끝자락에 도착했습니다. 책을 집필하기 위해 따뜻한 봄이 추운 겨울로 변하는 동안 이 책을 통해 선생님들께 어떤 것을 전달하고 싶은지 고민하는 시간은 저희에게도 매우 행복한 시간들이었습니다. 앞으로도 선생님들이 학생들과 행복한 미래를 만들어 나갈 수 있게 이 책이 조금이나마 도움이 되었으면 하는 마음입니다. 어느 요리에나 사용하면 맛있게 맛이 나는 만능간장과 같이 어떤 문제에도 적용할 수 있는 만능간장 답변을 스스로 만들어 가시면 좋겠습니다.

상담교사가 알려주는 면접 에센스: 50문 100답
저자 이수민·조현진

상담교사가 알려주는 면접 에센스: 50문 100답

차례

PART 1

합격요인(나의 강점요인)과 준비과정

- 저자의 자기소개와 준비과정 ·· 3
- 면접 스터디 팁 ·· 7
- 면접을 준비할 때 마음가짐 ·· 10
- 면접 당일 마음가짐 ·· 12
- 면접 이후 마음가짐 ·· 15

PART 2

교직관 바로 세우기

- 나의 교직관은? ··· 19
- 교직관을 만들어 나가는 과정 ·· 24
- 교직관을 활용한 클로징 멘트 짜기 ·· 27
- Q&A 정리 ··· 29

PART 3

학생상담

- 교실에서 마주할 수 있는 문제 학생
  (ADHD, 규칙위반, 품행불량) ·· 41
- 폭력적 행동(욕설, 행동조절 문제) ·· 52
- 인터넷 중독, 스마트폰 중독, 게임 중독 학생 ···························· 58
- 학습, 교육격차 ··· 72
- 대인관계에 어려움이 있는 학생 ··· 82
- 다문화 학생 ··· 97
- 우울, 무기력, 불안함을 호소하는 학생 ··································· 111

PART 4

위기사안

- 학교폭력, 사이버폭력 ··· 135
- 아동학대(가정폭력) ··· 161
- 등교거부(학업중단 위기) ·· 169
- 자살, 자해사고 ··· 179
- 코로나19 교육 사각지대 ··· 196

상담교사가 알려주는 면접 에센스:
50문 100답

합격요인 (나의 강점요인)과 준비과정

제1편

상담교사가 알려주는 면접 에센스:
50문 100답

상담교사가 알려주는 면접 에센스:
50문 100답

저자의 자기소개와 준비과정

수민 선생님

안녕하세요. 현재 서울의 한 초등학교에서 상담교사로 재직 중인 이수민입니다. 저는 학부에서 심리학을 본 전공으로 공부하고 융합전공으로 동아시아학을 공부하였습니다. 예전부터 다양한 경험을 하는 것을 좋아해 중국과 노르웨이에서 공부를 하기도 했습니다. 심리학이나 상담과는 관련 없어 보이는 이런 경험들과 면접이 아무런 연관이 없다고 생각될 수 있겠지만 저는 면접이란 결국 사람과 사람의 만남이라고 생각합니다. 전문성 있는 답변도 중요하지만 면접관에게 나는 어떤 사람인지 그리고 나라는 사람이 교사가 되었을 때 우리 교육에 어떤 긍정적인 영향을 줄 수 있을지를 보여주는 것이 중요하다고 생각합니다. 그래서 면접을 준비하며 시책을 외우고 교육 관련 기사들을 읽는 것만큼이나 저를 돌아보는 시간을 많이 가졌습니다. 저는 면접 답변에 개인적인 경험을 담아내기 위해 노력했고 실제로 면접 당일에도 경험을 녹여낸 답변을 했습니다.

개인적으로 면접 준비를 할 때 가장 어려웠던 점은 학교현장에서의 경험 부족이었습니다. 학교현장에서의 경험은 짧았던 교육봉사와 교생 실습이 전부였습니다. 시책에 나오는 용어들은 생소했고 읽어도 이해가 잘 되지 않았습니다. 그리고 아무래도 계속 학생이었던 상태에서 선생님의 입장으로 학교현장을 상상하려 하니 잘 안 되는 부분들도 있었습니다. 거기에 초수였기 때문에 학교 경험이 있거나 시험 경험이 있으신 분들과 함께 면접을 준비할 때 처음에는 초조하고 뒤처지는 느낌이 들었습니다. 하지만 오히려 아무것도 모르는 상태에서 면접을 준비하다 보니 답변이나 해석이 창의적이라는 의견도 스터디원으로부터 많이 들었습니다. 어떻게 보면 학교 경험의 부족이 강점으로 작용할 수도 있을 것 같다는 생각이 들었습니다. 그래서 저와 비슷한 배경을 가지고 계신 선생님들도 너무 걱정하시지 않아도 되지 않을까 조심스럽게 생각해봅니다. 결국 면접은 이미 가지고 있는 강점들을 잘 다듬어서 보여주는 과정이고, 부족한 점들 또한 노력을 통해 만족스러운 면접으로 만들 수 있다고 생각합니다.

 저는 학기 병행을 하며 시험을 준비했던 터라 1차 시험을 치고 나서는 과제와 기말고사가 있었습니다. 그래도 일주일만 쉬고 바로 면접 스터디를 시작했습니다. 당시에는 조금 힘들었지만 면접에 더 빨리 익숙해질 수 있었기 때문에 일찍 시작하길 잘했다고 생각합니다. 무리하지 않고 하루 3시간 정도씩 시책을 그냥 읽었습니다. 1차 합격 발표가 날 때쯤에는 시책을 8번 정도 정독한 것 같습니다. 이 외에 교육 다큐멘터리도 일주일에 3~4편 봤습니다. 이 과정을 통해 현재 우리 교육청이 나아가고자 하는 방향성, 교사로서 생각을 해봐야 할 것들, 나는 어떤 교사가 되고 싶은지(교직관), 학교에 있는 다양한 아이들에게 각각 어떤 도움을 줄 수 있을지, 고민해봐야 하는 교육 현안에는 어떤 것이 있는지, 지금까지의 학교는 어떠했고 앞으로의 학교는 어떻게 변화해나갈지 등에 대한 큰 그림을 그릴 수 있었습니다. 이렇게 1차 합격 발표 전까지 큰 그림을 그려두고 면접까지 남은 한 달 동안에는 이 그림에 맞는 실질적인 답변들을 준비했습니다.

현진 선생님

　저는 서울의 한 초등학교에서 근무하고 있는 전문상담교사 조현진입니다. 저는 심리학을 학부에서 전공하지 않았고 교육대학원에서 전문상담교사 자격을 취득했습니다. 이전에 타 전공으로 중등학교에서 근무하면서 상담심리에 관심을 갖게 되었고 전문상담 임용을 준비하게 되었습니다. 대학원 졸업을 준비하면서 상담 임용 공부를 병행했기에 시간을 잘 분배해서 임용 준비를 했어야 했습니다. 1차 시험을 치르고 나서 합격 발표까지 한참 걸리기 때문에 1차 합격 여부와 관계없이 <u>1차 시험 이후 5일 정도 휴식 후에 바로 2차 면접 준비를 시작했습니다.</u>
　면접 준비를 시작할 때 먼저 제 <u>강점과 약점을 파악</u>하려고 했습니다. 저는 학교 근무 경험이 있기에 학교 상황, 학교 교육과정, 현직 교사들이 처하는 문제 상황과 그것을 해결하는 노하우를 학교 경험이 없는 수험생보다는 잘 알고 있다고 생각했습니다. 따라서 창의적 체험활동이나 학교 교육과정, 수업시간에 발생할 수 있는 문제, 교사와의 관계 등은 어느 정도 공부하지 않아도 제가 아는 범위 내에서 문제를 구상하여 답변할 수 있었습니다.
　저에게 공부가 더 필요하겠다고 생각한 부분은 학교에서 일어나는 학교폭력과 같은 <u>구체적인 문제 상황이나 위기 상황에서 학생들을 어떻게 도울 수 있는지</u>에 대한 부분이었습니다. 적지 않은 기간 동안 학교에서 일했음에도 불구하고 학교에서 일어나는 다양한 문제 상황과 그 안에서 적절하게 대처하는 부분에 대해 더 좋은 답변을 생각하는 데 준비가 많이 필요하다고 생각했습니다.
　이렇게 자신의 강약점을 생각해본 뒤 절대 간과해서는 안 될 부분은 다음과 같습니다. 제가 조금 더 쉽게 할 수 있는 영역이든, 어려워하는 영역이든 상관없이 면접은 15분이라는 시간 내에 주어진 문제에 대해 제시하는 수의 답안을 생각하고 그것을 면접관에게 잘 설명하는 것이므로 정말 <u>철저한 연습과 준비가 꼭 필요</u>한 것이었습니다. 어떤 문제가 나올지 모르고, 처음 보는 문제가 나오더라도 당황하지 말고 내가 연습한 것들을 종합해서 적절한 답변을 하는 순발력이 면접에서 굉장히 중요하다고 생각합니다. 그것을 잘하기 위해서는 다양한 문제도 풀어보고, 생각해보고, 실제 상황처럼 반복 연습하는 것이 필요합니다.

면접 스터디 팁

현진 선생님

　면접 스터디는 도움이 되는지, 어떤 방식의 스터디가 도움이 되는지 궁금하실 것이라 생각합니다. 먼저 면접 스터디는 두 가지 이유로 도움이 되었습니다.

　첫 번째로, '스터디를 꼭 해야 하나요?'라는 질문에 대해서는 자신의 성향에 맞게 선택하는 것이 옳은 것 같습니다. 저는 개인적으로 스터디를 통해 공부하는 것을 선호하는 편이었고, 혼자서 고민하고 연구하는 것보다는 다른 사람과 스케줄을 정해서 정해진 시간에 만나, 정해진 공부를 같이 하면서 의무감을 갖는 것을 더 선호했고, 그렇게 했을 때 더 집중하는 편이었습니다.

　두 번째 이유는 면접은 사람이 직접 만나서 보는 상황이고, 이런 상황에 맞추어 똑같이 준비하는 것에 중점을 두었기 때문입니다. 면접은 실제로 다른 사람 앞에서 말을 해야 하고, 내 생각을 잘 전달하는 연습 또한 필요하기 때문에 글로 쓰는 것보다는 내가 스스로 말하는 것이 중요하다고 생각했습니다. 또한 스터디에서 다른 사람의 답변을 들을 때 면접관의 입장에서 생각해볼 수 있고, 그 과정에서 나 자신이 고칠 점이나 나아지면 좋을 부분을 계속해서 생각할 수 있기 때문입니다. 제가 연습할 때 스터디원들이 여러 가지 피드백을 해주기 때문에 혼자서는 알 수 없었던 부분들을 알게 된 것도 정말 큰 수확이었습니다.

이런 두 가지 이유로 인해서 저는 스터디가 도움이 되었고, 어떤 스터디든지 말을 직접 해보고, 설명해보고, 전달력을 높이려고 노력했습니다. 하나의 스터디에만 참여하지 않고 온라인, 오프라인 스터디를 여러 방식으로 병행하였습니다. 예를 들면 오전에는 줌으로 교육청 시책을 정리하고 설명하는 스터디를 하고, 오후에는 직접 만나서 1~2세트씩 실제 면접처럼 해보는 스터디, 그리고 저녁에는 개인적으로 책의 내용을 답변으로 정리하는 스터디와 더불어 밴드를 이용해서 자신만의 답변을 녹음해서 업로드하는 스터디를 했습니다. 여러 스터디를 하다 보니 많은 문제를 연습해볼 수 있고, 다양한 사람들이 답변에 대한 피드백을 주기 때문에 여러 의견을 들어볼 수 있었습니다.

수민 선생님

면접 스터디는 필요한가 저 또한 고민했었습니다. 임용면접은 아니지만 이전에 면접 경험들이 있었고 면접은 항상 자신 있어 하는 편이었던 터라 스터디를 하지 않아도 괜찮지 않을까 생각을 했었지만 결론적으로 저는 면접 스터디의 도움을 많이 받았습니다. 하지만 면접 스터디를 하지 않고도 합격한 선생님들도 충분히 계셔서 오히려 스터디를 하는 것이 스트레스가 된다면 혼자 준비하는 것도 나쁘지 않다고 생각합니다. 때문에 선생님들이 자신의 상황에 맞게 선택하실 수 있도록 왜 스터디가 저에게 도움이 되었는지를 소개해드리고 싶습니다.

첫째, 다양한 관점에서의 답변을 들어볼 수 있습니다. 면접에서는 자신이 어떤 사람인지 보여주는 것이 중요합니다. 하지만 자신의 색을 찾기 위해서는 다른 사람들의 여러 가지 의견도 들어보는 과정이 도움이 되는 것 같습니다. 특히 저처럼 학교 경험이 부족하신 분이 학교 경험이 있으신 선생님과 함께 스터디를 진행하게 되면 다양한 학교 경험을 간접적으로 체험할 수 있다는 장점도 있습니다.

둘째, 면접모드로 연습이 가능합니다. 면접 당일에는 정말 떨립니다. 1월부터 달려왔던 그 모든 순간이 지금을 위해서였다고 생각하면 간절한 만큼 당연히 긴장이 되는 것 같습니다. 이렇게 아무리 긴장되더라도 평상시와 같이 자연스러운 웃음, 떨리지 않는 목소리를 내기 위해서는 실제 면접이 이루어지는 과정과 비슷한 환경을 구현하여 수없이 반복해보는 것이 필수적이라고 생각합니다. 면접 스터디를 통해 미리 당황스러운 질문도 체험해보고, 15분이라는 제한된 시간 안에 문제의 요지를 올바르게 파악하고 말하고자 하는 내용을 논리적으로 충분히 말하는 법을 연습할 수 있습니다.

셋째, 정신적으로 한계가 찾아올 때 나를 이끌어주는 원동력이 될 수 있습니다. 면접 마무리 단계가 되면 자신감이 점점 떨어지고 나는 준비가 하나도 되지 않았는데 남아 있는 시간이 없는 것만 같은 불안이 닥쳐옵니다. 저는 면접 스터디를 통해 스터디원들과 함께 서로 격려하고 응원하며 많은 힘을 받았습니다. 그리고 처음에 인원수를 정해서 스터디를 시작하다보니 한 명이 빠지면 빈 공간이 크게 느껴져서 조금 지치더라도 책임감을 가지고 끝까지 완주할 수 있었습니다.

저는 이러한 이유로 스터디를 하는 것을 추천하지만 다양한 준비 방법이 있다 보니 선생님들 개개인에게 더 맞는 방법을 선택하셔서 준비하면 되겠습니다.

면접을 **준비할 때** 마음가짐

수민 선생님

먼저 말씀드리고 싶은 건 면접에는 정답이 없다는 것입니다. 저는 계속 열심히 면접을 준비하다 보면 점점 스스로의 답변에 확신을 얻을 것이라고 생각했지만 그렇지 않았습니다. 오히려 확신을 얻기보다는 부족한 점에 대한 피드백을 계속 받기 때문에 자신감이 떨어지기도 했습니다. 결국 면접에서 내가 어떤 모습을 보여주고 싶은지에 대한 나의 생각이 중심에 잡혀 있지 않으면 주변의 말들에 계속 흔들리게 되고 이것이 불안으로 변하는 것 같습니다. 피드백은 사람마다 각각 생각이 다르기 때문에 내가 어떤 모습을 보여주어도 부족한 점은 있기 마련입니다. 또한 팀원들의 피드백은 반드시 내가 못하고 부족해서라기보다는 그 사람의 관점에서 내가 보충해야 하는 점들을 말해주는 것이기 때문에 기존의 내가 보여주고 싶었던 부분들이 잘 전달되었다면 충분히 잘한 것이라고 생각합니다. 면접을 준비하는 과정이 교사로서의 여러분을 찾아나가는 소중한 시간이라는 마음을 갖고, 즐거운 시간으로 기억이 되었으면 좋겠습니다.

　　면접 준비 또한 참 힘들고 지치는 시간이었습니다. 다시 돌이켜 생각해보면 면접을 준비할 때 가장 중요한 마음가짐은 정말 일반적이고 단순하지만 '지금 내가 못하더라도 앞으로 잘할 수 있고, 합격할 수 있다.'인 것 같습니다. 면접 준비의 여정 역시 두 달 정도 소요되고, 매일매일 하루 종일 준비를 하기 때문에 어떤 날은 내가 좋은 답변을 했더라도 다음 날은 형편없다고 느껴지는 답변을 할 수도 있습니다. 일희일비하지 않으려고 했었고, 내가 나아질 수 있다고 믿으면서 묵묵하게 오늘 할 일을 그저 과제처럼 이행하려고 했습니다.

면접 **당일** 마음가짐

현진 선생님

면접을 보러 가면 교실에 경직된 채 앉아 있는 수험생들도 있고, 화장실 거울 앞에서 인사를 연습하는 수험생, 실제 면접을 보는 구상실과 면접실에 들어가 연습해보는 수험생들이 있습니다. 결전의 날이니 다들 비장하게 연습하는 모습을 보고 긴장이 더 되었던 것 같습니다. 많이 긴장하는 타입이라면 따뜻한 물, 핫팩, 그리고 긴장을 풀 수 있는 자신만의 것들을 시험장에 꼭 챙겨가라고 말씀드리고 싶습니다. 저는 떨리면 계속해서 핫팩을 손에 쥐어도 보고, 심호흡도 해보았습니다.

저는 1시간 정도 일찍 교실에 도착했습니다. 순서를 뽑기 전까지 교실에서 기다리면서 머릿속으로 나올 수 있는 상황을 떠올리고, 제가 할 수 있는 가장 단순하고 기본적인 답변을 생각해보았습니다. 도착하자마자 교실을 한 번 둘러본 후, A4 용지 한 장에 스스로 정리한 키워드를 한 번씩 훑어보았습니다. 어떤 문제가 나와도 답변할 수 있는 만능 답안을 더 생각해내기 위해 노력했습니다. 면접을 보려는 순간이 되니 아주 단순한 것들만 머릿속에 들어오는 느낌이 들어서 그랬던 것 같습니다. 예를 들어 문제에서 3가지를 답변하라고 하면 학생 차원, 학부모 차원, 교사 차원의 방식으로 나누어서 생각하려고 했고, 어떤 문제 상황이든 문제의 원인이 있을 것이니 그것을 생각해야겠다고 되뇌었습니다.

'준비는 많이 했으니 준비한 것을 다 보여 주자.'라는 마음으로 자신감을 가지려고 노력하는 것이 중요한 것 같습니다.

수민 선생님

면접 당일에 책을 많이 가져가는 선생님들도 계셨는데 지역마다 다르겠지만 제가 응시한 지역의 경우 시험이 시작되면 책이나 프린트를 일절 보지 못하게 했기 때문에 저는 마인드 컨트롤을 목표로 했었습니다. 그래도 책을 하나도 안 들고 가면 불안할 수 있으니 정리했던 면접 정리본만 한 권 들고 갔습니다. 다만 면접이 한 번 시작되면 밖에 나가는 것이 불가능하고 끝 번호가 당첨될 시 굉장히 오래 기다려야 하다 보니 그에 따른 준비는 해가는 게 좋을 것 같다고 들어서 핫팩, 배가 고플 때 간단하게 먹을 수 있는 에너지바, 에너지 보충용 포도당 캔디, 두통약, 머리가 흘러내릴 시 다시 고정시킬 스프레이를 가져갔습니다.

시험장에 일찍 도착해서 미리 시험교실을 둘러보고 어느 정도로 목소리를 내야 교실에 충분히 울릴지 발성도 해보았습니다. 준비했던 면접 정리본으로 제가 가장 취약한 파트, 올해 유력하게 나올 것 같은 파트, 그리고 어려웠던 시책 용어를 마음속으로 한 번씩 대답하는 형태로 점검했습니다. 여러 가지 자료를 더 읽어볼까 싶었지만 당일이 될 때까지 수백 번 연습했던 자신을 믿고 최대한 마음 편하게, 할 수 있는 것만 챙기기로 했습니다. 정리본을 한 번 체크한 이후에는 클로징 멘트를 머릿속으로 정리했습니다. 면접은 동일한 질문에 모든 수험생이 답하는 형태이다 보니 저를 보여줄 수 있는 건 짧더라도 클로징 멘트를 활용하는 것이라고 생각했습니다. 이 자리에 오기까지 그리고 교사가 되기 위해 어떤 고민을 했는지, 나는 어떤 교사가 되어 학생들에게 무엇을 주고 싶어 하는지 클로징 멘트로나마 전달하고 싶었습니다. 아무리 열심히 준비했던 주제도 너무나 생소하게 느껴지는 것이 실제 면접이 아닐까 합니다. 선생님들은 이미 충분히 노력하며 준비하였으니 면접 당일에는 선생님이 가지고 계신 것을 가장 자신감 있는 형태로 보여주는 것에만 집중하시면 됩니다.

면접 **이후** 마음가짐

수민 선생님

　면접이 끝나고 나서 시원섭섭한 마음이 들었습니다. 저는 맨 끝 번호를 뽑았던 터라 학교에서 나오는 사람은 제가 거의 마지막이었습니다. 학교에 7시 30분에 도착했었는데 나오니 4시가 넘어있었습니다. 아무도 없는 복도를 지나오며 이걸 내년에도 또 해야 하는 걸까, 아니 일단 내년에 1차를 다시 통과하고 면접까지 올 수는 있을까 등 별로 좋은 생각은 들지 않았습니다. 면접을 잘 보지 못했다기보다는 그렇게 열심히 준비했는데 제가 준비한 것들을 전부 보여주지 못했다는 아쉬움에서 나오는 속상함이 컸습니다. 그래도 여기까지 정말 열심히 노력해왔고 또 스스로 선택한 길이기에 이번 경험을 통해 새로운 나로 한 단계 도약할 수 있다고 생각하며 일단 다 잊고 기다리기로 했습니다. 걱정을 많이 했지만 결과적으로 면접에서 감사하게도 고득점을 받았습니다. 점수가 나오기 전까지는 모두가 자신의 실수만을 생각합니다. 무언가 다르게 할 수 있지 않았을까 하는 그 간절한 마음은 충분히 이해합니다. 하지만 불안해하거나 스트레스를 받아도 결과가 빨리 나오는 것도 아니고 달라지지도 않기 때문에 합격 발표까지 남은 시간이 고통의 시간이 아니라 열심히 노력하신 선생님들이 행복하게 쉴 수 있는 재충전의 시간이 된다면 좋겠습니다.

현진 선생님

　사실 면접 이후에는 딱히 해야 하는 것도, 할 수 있는 것도 없습니다. 면접 이후에 면접을 잘 못 봤다고 생각한 친구들도, 잘 본 것 같다고 생각한 친구들도 모두 불안하고 허무함을 느끼는 것 같습니다. 저도 면접을 보고 나서 교실 밖을 나왔을 때 '이게 끝인가?' 라고 생각하며 '참 허무하다'라는 느낌을 많이 받았습니다. 면접 후에 다른 친구들과 답을 맞춰보면서 시험에 대해 이런저런 토론도 하고 불안해하기도 했습니다. 현명한 방법은 내가 틀린 것 같은 문제들, 아쉬웠던 점을 빨리 털어버리고 교문을 나서면서 내가 할 수 있는 것은 이미 내 손을 떠났다고 생각하는 것입니다. 면접 준비부터 면접날까지 긴장했는데 면접 후에는 조금 더 편안하게 '참 고생했고, 끝났다.'라고 생각하면서 휴식을 즐기면 좋겠습니다.

교직관 바로 세우기

제2편

상담교사가 알려주는 면접 에센스:
50문 100답

상담교사가 알려주는 면접 에센스:
50문 100답

나의 교직관은?

면접에서 말하는 교직관은 교육학에서 배웠듯이 성직관, 노동직관, 전문직관 이렇게 표현하는 것보다는 "어떤 교사가 되고 싶은지, 어떤 생각을 갖고 교사로서 일하고 싶은지"에 대해 조금 더 구체적이고 실제적인 이야기를 해야 한다고 생각합니다. 그래서 저는 면접을 볼 때 문제에서 교육관을 포함해서 말하라고 하는 것은 수험생들 개개인의 경험과 생각에 대해서 듣고 싶은 것 즉, 수험생의 이야기를 듣고 싶은 것이라고 파악했습니다. 보통 상황을 주고 어떻게 해결할 것인지 물어보는 문제에서는 정해진 답이 있을 것 같다고 생각했고, 누구나 상황에 맞게 비슷한 답변 또는 올바른 답변을 할 수도 있기 때문입니다. 그렇기 때문에 저의 경우에는 제가 가진 강점과 특별한 이야기를 면접관들에게 전함으로써 저만의 생각과 차별성을 담은 교육관을 전해야겠다는 생각을 많이 했습니다.

제가 만든 교직관은 세 가지로, 비유나 설명 방식은 조금 다르지만 제가 하고 싶은 이야기는 거의 공통적이었습니다. 가능성을 믿어주는 교사, 기다려주는 교사, 학생 한 명 한 명을 소중히 생각하는 교사가 되고 싶다고 생각했습니다. 저는 면접 볼 당시 제가 만든 교육관을 다 보여주고 싶은 마음에 문제의 클로징 멘트와 추가로 덧붙이는 답변에서 교육관에 대해 최대한 많이 이야기하려고 했습니다. 예시로 읽어보면서 자신만의 교육관을 만드는 데 참고하시어 도움이 된다면 좋을 것 같습니다.

❶ 저는 학생들이 각자 가능성을 가진 도자기라고 생각합니다. 이렇게 비유한 이유는 도자기는 무엇을 꽂느냐에 따라 쓰임새가 다르게 사용될 수 있기 때문입니다. 꽃을 꽂으면 꽃병이 되고, 연필을 꽂으면 연필꽂이가 되는 것처럼 학생들은 각자 자신만의 개성과 가능성이 다릅니다. 학생의 특별함을 만드는 것은 교사의 관심이라고 생각합니다. 교사가 한 명 한 명의 학생을 있는 그대로 바라봐 주어 학생들 각자의 가치를 일깨워주고 자신의 색을 찾게 해주는 교사가 되고 싶습니다.

❷ 학생들 곁에서 따뜻한 볕을 주는 교사가 되고 싶습니다. 학생들은 하루아침에 변화하는 것이 아니라 점진적이고 능동적으로 변화합니다. 그것을 믿고 기다려주는 것이 교사의 역할이라고 생각합니다. 저는 상담교사로서 학생들을 만날 때 마음을 열라고 다그치고, 강요하는 대신 학생이 스스로를 개방할 수 있도록 관심과 애정으로 기다려 주고 믿어 주는 교사가 되고 싶습니다. 나그네의 외투를 벗긴 것은 태풍의 거센 바람이 결코 아니라 태양의 따뜻한 볕이었다는 이솝우화처럼 학생들이 따뜻한 볕 아래에서 자신의 두꺼운 외투를 천천히 그리고 스스로 벗을 수 있도록 따뜻한 관심을 주는 교사가 되고 싶습니다.

❸ 학생들의 다양성을 존중하고, 다소 느리더라도 기다려 줄 수 있는 교사가 되고 싶습니다. 저는 학생 한 명 한 명이 소중하다고 생각합니다. 제가 학교에서 담임교사를 맡았을 때 저희 반에는 공부를 잘하는 학생, 늘 칭찬을 받는 학생이 있는가 하면 매일 혼나는 학생, 다른 친구들과 상호작용이 어려운 학생도 있었습니다. 학교에서 대부분 공부를 잘하고 태도가 좋은 학생들이 주목을 받고, 그렇지 않은 학생은 스스로 소외되어 자존감이 낮아지는 경우가 많습니다. 하지만 학교라는 공간은 단순히 지식만을 배우는 공간이라기보다는 학생들이 자신이 누구이며, 어떤 사람이 되고 싶은지를 생각하는 데 도움을 주는 곳이라고 생각합니다. 그렇기 때문

에 저는 학생 한 명 한 명 편견을 갖지 않고 있는 그대로 존중해주면서 긍정적인 희망을 주고 싶습니다. 학생이 빨리 성장하고 변화하면 좋겠지만 그렇지 않은 경우도 있습니다. 그럴 때마다 교사가 좌절하고 힘들어하면 학생들은 변화할 수 없을 것입니다. 그래서 저는 학생의 가능성을 믿고 북돋아 주며 끈기 있게 기다리는 자세야 말로 교사가 가져야 할 자질이라고 생각합니다.

수민 선생님

　이전의 우리나라의 교육은 일등을 만드는 것에 집중했고 일등이 되는 것이 중요하다고 여겨졌습니다. 그렇다면 일등이 아닌 아이들에게 교육은 의미가 없는 것일까요? 사람은 한순간에 만들어지는 것이 아니라 <mark>과거의 집합체</mark>입니다. 과거의 모든 경험 하나하나가 지금을 만들어 나갑니다. 결과보다 중요한 것이 <mark>결과에 도달하기까지의 과정</mark>입니다. 교육의 목표는 일등을 만드는 것이 아니라 그 과정에서 학생 각자가 가진 강점과 색깔을 보여주는 것에 있다고 생각합니다. 자신의 색을 찾아간다는 것은 말만큼 간단한 일이 아닙니다. 계속 되는 노력과 도전, 인내심이 필요합니다. 저는 그래서 지금은 잘 안 보이지만 이미 <mark>아이들 마음속에 존재하는 길을 찾아나가는 여정에 힘을 줄 수 있는 교사</mark>가 되고 싶었습니다. 전문성 있는 교사도 굉장히 중요합니다만 선택해야 한다면 아이들 마음속에 남아서 큰 벽에 부딪힐 때 아이들을 지켜줄 수 있는 교사가 되고 싶었습니다.

　학생들은 지금 성과를 내고 싶고 자신만 부족한 듯 느끼며 빨리 변화해야 할 것 같은 불안한 마음을 많이들 호소합니다. 저는 아이들에게 속도보다 중요한 것은 방향성이라는 것을, 내일의 웃음만큼이나 값진 것이 오늘의 웃음이라는 것을 알려주고 싶었습니다. 저는 이런 생각을 <mark>3가지 정도의 교직관</mark>으로 정리했습니다.

　❶ 아인슈타인은 교육을 학교에서 배운 걸 다 잊어버리고도 남는 게 교육이라고 했습니다. 시대에 따라 교과서의 내용은 달라질 수 있지만 과거부터 지금까지 변하지 않는 것은 학생들의 안전기지가 되는 교사의 역할이라고 생각합니다. 가슴속 깊이 남는 선생님의 한마디가 어른이 되어서도 힘이 들 때 생각나는 것처럼 학생들을 지켜주는 선생님이 되고 싶습니다. 학생들이 어떤 환경에 있더라도 상관없이 올바르게 성장할 수 있도록 지식뿐만 아니라 학생들이 마음의 힘을 키워나갈 수 있도록 가르치겠습니다.

❷ 학생은 모두가 저마다의 빛을 가지고 있는 별이라고 생각합니다. 각자의 사정과 각자의 생각이 있습니다. 이런 아이들을 한 가지 매뉴얼이나 방법으로 이끌 수 없습니다. 선배 교사들과 함께 빨리 가는 것이 아니라 바르게 가는 길을, 쉬운 교육이 아니라 올바른 교육을 할 수 있도록 하겠습니다.

❸ 학교는 단순 지식만 전달하는 공간이 아닌 스스로를 알아가고 친구들과 소통하며 같이 문제를 해결해나가는 방법을 배우는 공간이라고 생각합니다. 따라서 저는 학생들의 약점이 아닌 강점에 집중하고, 결과보다는 과정을 중요하게 생각하며 그 안에 담긴 학생의 노력을 보겠습니다. 또한 학생의 입장에서 한 번 더 생각하며 한 아이도 빼놓지 않는 책임교육을 실현하도록 하겠습니다.

교직관을 만들어 나가는 과정

수민 선생님

처음 교직관을 만드는 과정은 첫째로 여기저기에 흩어져 있는 기억의 조각들, 교직에 대한 나의 생각들을 한곳으로 모으는 작업이 필요하다고 생각합니다. 지금까지 지내오며 나의 마음속에는 어떤 선생님들이 가장 기억에 남는지 또 왜 그렇게 생각했는지, 나를 되돌아보면 자연스럽게 내가 어떤 교사가 되고 싶은지 보였습니다.

둘째, 현재의 교육현장을 알아볼 수 있는 프로그램, 책, 영상을 참고합니다. 예를 들어 교권이 땅에 떨어졌다 하고 인공지능교사가 나와야 한다는 이 시대에 왜 나는 교사가 되고 싶었던 것일까 또는 인공지능교사가 생김에도 불구하고 내가 필요한 이유가 무엇인가 등을 고민하는 시간을 가집니다. 이를 통해서 내가 가지고 있는 생각들과 앞으로 교사로서 나아가야 할 방향이 이어지면서 좀 더 뚜렷하고 현실적인 교직관을 만들어낼 수 있습니다.

셋째, 마지막으로 자신의 말로 바꾸는 작업을 합니다. 지금까지 파악한 내용을 가지고 자신의 신념을 담은 교직관으로 정리합니다. 예를 들어 '교사는 단순히 지식을 전달하는 존재가 아니다. 학교는 아이들이 세상에 나아가기 위한 준비를 하는 곳이다. 다만 학교는 단순히 교실이나 건물이 아니고 학생과 교사가 학교를 함께 만들어 나가는 것이다. 이를 위해서 중요한 것이 퍼실리테이터로서의 교사이다.'처럼 생각을 정리하는 것입니다.

이렇게 크게 3단계를 통해서 자신의 목소리와 미래의 교육을 담은 교직관을 만들어낼 수 있습니다. 처음부터 너무 정확하게 정리하려 하지 않고 천천히 점점 구체적으로 만들어 나간다고 생각하면 좋겠습니다.

교직관은 여러 기출에서도 그랬지만 실제로 제가 면접을 봤을 때도 주어진 문제에서 교직관을 포함하여 답하라는 것이 있었습니다. 그래서 저는 어떤 문제가 나와도 교직관을 담아내서 답안을 만들려고 했었습니다. 면접 준비하는 내내 제가 만든 교육관에 조금씩 하루하루 더 풍부하게 살을 붙여나가는 작업을 했습니다. 하루만에 짠! 하고 나오지는 않는 것 같습니다. 더 좋은 교직관을 면접관에게 전달하기 위해서 계속 끊임없이 생각하고 한 문장 한 문장 고쳐가며 마지막 날까지 연습했습니다.

저는 학교에서 일했던 경험이 있어서 교직관을 생각할 때 제가 만났던 학생들과 학교에 대해서 많이 떠올렸습니다. 제가 일했던 학교의 교육목표나 비전도 떠올려 보고, 제가 학생들을 보면서 느꼈던 점, 학교에서 여러 교육 활동을 할 때 경험, 어떤 교사가 정말 좋은 교사이고 필요한 교사인가를 계속 생각해보기도 했습니다.

학교에는 우리 사회의 모습처럼 정말 다양한 학생이 있습니다. 하지만 늘 공부를 잘하고 뛰어난 학생들이 대부분의 시간에 주목을 받는 경우가 많고, 교실 뒤에서 엎드려 있거나 의기소침한 학생들은 그렇지 않아 참 안타깝다고 생각해 도움을 주고 싶다는 생각을 자주 했었습니다. 어느 날 수업 중 눈에 띄지 않는 학생이 학교 축제에서 노래를 부르고 춤을 추는 모습을 보았는데 '아, 저 학생이 저런 면도 있구나, 참 멋있다.'라는 생각이 들었습니다. 제가 수업 중에 보는 학생의 모습이 그 학생의 전부가 아니었다는 생각이 들어서 그 이후에는 그 학생의 장점을 더 봐주고 특별함을 칭찬해주기도 했습니다. 그랬더니 학생과 더 친밀감도 생기고 좋은 라포를 형성해서 뿌듯하기도 하고 너무 기뻤던 기억이 있습니다. 이런 에피소드들을 생각하면서 내가 다시 학교에 간다면 정말 어떤 교사가 되고 싶은지 계속 생각했습니다.

다음으로 저는 중등학교에서 근무하면서 담임도 해보고 교과도 가르쳤지만 전문상담교사로서 일한 경험이 없어서 상담 프로그램, 다양한 학생 사례, 상담 실연 같은 것을 계속 연습했습니다. 기존에 상담 면접에 대한 책이 없는데 면접에서는 학교 상황과 위기사안에 대한 문제가 많이 제시되고 있어서 이 부분에 대한 걱정이 많았습니다. 여러 학교 상담과 관련된 사례를 담고 있는 책을 구입하고, 제 답변에 어떻게 녹일지 고민도 해보고, 스터디를 통해 실제 상담하는 것과 같은 면접을 계속해서 연습했습니다. 교직관에 있어서도 상담교사로서 어떤 교직관이 어울릴지 생각해보았습니다. 자신의 과목에 맞는 교직관은 조금씩 달라질 수 있을 것입니다. 저는 상담교사로서 학생들의 이야기를 조금 더 들어주는 교사, 학생의 가능성을 믿는 교사에 조금 더 초점을 맞추어서 교직관을 만들었습니다.

교직관을 활용한 **클로징 멘트** 짜기

현진 선생님

각 문제마다 꼭 클로징 멘트를 할 필요는 없다고 생각합니다. 제가 면접을 봤을 때는 요구하는 답변 수가 굉장히 많았고, 시간 내에 정해진 개수에 대한 답변을 모두 해야 했습니다. 한 문제에 포함된 문제가 3개 정도 되었는데, 모든 문제에 클로징 멘트를 한다면 시간 내에 답변을 하지 못했을 것 같습니다. 과거에 시험을 본 선배들에게 물어봤을 때에도 클로징 멘트를 하지 않았다고 해서 점수가 깎인 사례는 없었기에 그렇게 생각했습니다.

중요한 것은 면접은 15분 동안 진행되고, 그 안에 스스로가 어떤 사람인지 보여줘야 하며, 특별한 인상은 교직관에서 드러난다고 생각했습니다. 저는 면접 전날 '어떤 문제가 나오든 내 교직관을 꼭 말하자!'라고 생각했었는데, 그 이유가 '저 자신'을 보여주기 위해서였습니다. 실제로 앞에서 제가 제시한 세 가지 교직관을 실제 면접에서 전부 다 말을 했습니다.

클로징 멘트를 꼭 해야 한다면 각 사례에 맞게 한 줄로 요약하거나 "이처럼 저도 … 한 교사가 되고 싶습니다."라고 짧게 말하는 것이 좋다고 저는 생각합니다. 교직관을 물어보는 문제에서 나를 드러낼 수 있는 교직관을 길게 이야기할 기회가 있고, 또는 교직관 문제가 없다면, 마지막 문제에 대한 답을 한 후 준비한 교직관을 덧붙여서 이야기하는 것도 괜찮은 방법이라고 생각합니다.

수민 선생님

    저는 답변 내용을 풍부하게 말하는 편이라 답변 시간이 빠듯했습니다. 이 경우 클로징 멘트를 하지 않는 방법도 있지만 저 자신을 보여줄 수 있는 것은 클로징 멘트가 가장 적합하다고 생각하여 면접 중 최소한 한 번은 클로징 멘트를 넣고 싶었습니다. 하지만 클로징 멘트로 인해 시간 초과가 되는 경우 하지 않는 것이 훨씬 좋습니다. 따라서 가장 여유 있는 답변에서 사용하는 것을 추천합니다. 저는 첫 번째 답변에서 교직관을 담은 클로징 멘트를 넣어서 처음부터 제가 어떤 마음가짐으로 이 자리에 있는지 보여주었고, 이후 다른 문제들에서도 그런 자세를 뒷받침해주는 답변들을 통해 자연스럽게 일관적인 모습을 보여주고자 했습니다. 클로징 멘트는 저의 교직관과 교육청의 교육 방향을 섞어 준비했습니다. 제가 준비했던 클로징 멘트를 3가지 정도 소개해드리겠습니다.

    첫째, 아이들은 졸업하지만 교사의 말은 마음속에 평생 남습니다. 학교에 1명밖에 없는 상담교사의 말 한마디의 무게가 얼마나 큰지 생각하며 책임감을 가져야 한다고 생각합니다. 평생을 아이들과 함께 한다는 마음으로 아이들 내면의 힘을 길러줄 수 있는 상담교사가 되겠습니다.

    둘째, 제가 생각하는 교사는 기다리는 존재입니다. 내가 이 아이의 전부를 바꿀 수는 없겠지만 이 아이가 성장할 수 있는, 더 좋을 길로 나아갈 수 있도록 기꺼이 하나의 벽돌이 되겠다는 다짐으로 No.1이 아닌 Only one을 만드는 교육을 통해 제가 맡게 될 모든 아이의 마음속을 비출 수 있는 등불 같은 교사가 되겠습니다.

    셋째, 코로나 시기에 교생 실습을 하며 학교는 학생들이 와야 비로소 봄이 온다는 것을 느꼈습니다. 항상 이 말의 의미를 되새기며 아이들 각자의 잠재력을 실현할 수 있도록 모두의 가능성을 여는 책임교육, 한 아이도 빼놓지 않는 책임교육을 실현해 나가겠습니다.

Q&A 정리

| 면접 준비 |

Q 실제 면접볼 때 구상지를 거의 안 보고 대답을 해야 하나요? 어떻게 준비를 해야 할지 고민이 됩니다.

A1 면접을 볼 때 구상실에서 구상한 문제에 답변하게 되는데 종이를 아예 안 보고 답변을 하는 것은 힘듭니다. 하지만 연습할 때는 최대한 안 보고 연습하면 도움이 될 것 같습니다. 저는 스터디에서 "구상지를 많이 본다."라는 피드백을 받았던 적이 있어서 연습할 때도 구상지에 키워드를 크게 쓰고 힐끔힐끔 보며, 최대한 면접관과 눈을 맞추려고 노력하면서 설명을 덧붙이려고 했습니다.

A2 저는 처음에 준비할 때는 구상지를 좀 보면서 말하는 방식이나 태도를 먼저 교정했습니다. 어느 정도 익숙해지고 나서는 점점 구상지를 보지 않는 방향으로 연습을 했는데 사실 한 번도 보지 않는 것은 힘들기 때문에 구상지에 키워드를 동그라미 등으로 잘 체크해두고 잠깐씩 보는 방향으로 연습하시면 좋을 것 같습니다.

> **Q** 즉답형이랑 추가질문이 너무 어려워요.

A1 추가질문은 모든 수험생들이 어려워하는 문제인 것 같습니다. 그래서 연습할 때 최대한 여러 문제를 접해보고, 스터디에서 했던 문제가 교사의 관점에서 생각해보는 것이었다면 집에서는 다양한 관점에서(학생, 학교, 학부모 등) 정리를 해보는 시간을 가지는 것이 도움이 되었습니다. 저는 교육잡지나 기사를 많이 읽어두는 것도 도움이 되었습니다.

A2 즉석에서 나오는 문제이기 때문에, 어떤 문제가 나올지 모르는 것이 가장 어려운 부분입니다. 혼자서 연습할 때는 문제를 보고 구상하는 시간 없이 30초 정도 생각하고 대답하는 연습을 많이 하면 좋고, 스터디에서도 즉석에서 문제를 뽑아서 돌아가면서 답변하는 방식으로 연습한다면 도움이 많이 될 것입니다.

> **Q** 저는 안경을 끼는데 면접 당일에는 렌즈를 끼는 게 좋을까요? 현장에서 안경을 끼신 분들이 많았는지 궁금합니다.

A1 저는 안경과 렌즈를 번갈아가면서 끼는데, 면접 당일에는 렌즈를 꼈습니다. 안경과 렌즈는 크게 상관없는 것 같고, 자신에게 더 어울리는 것을 선택하면 될 것 같습니다. 또한 저는 시력이 많이 안 좋은 편이라 안경을 꼈을 때 교정시력이 잘 안 나오기도 해서 인상을 찡그리게 될 것을 염려해 렌즈를 낀 이유도 있었습니다.

A2 저는 렌즈를 끼면 눈이 많이 건조한데다 겨울에 난방이 되는 교실에서 오래 견딜 자신이 없어 안경을 끼고 갔습니다. 안경을 끼고 오신 분이 많지는 않았지만 생각보다는 있었습니다. 안경을 끼는 것 자체가 합격에 영향을 미치지 않는 것 같습니다. 렌즈와 안경 중 당일의 컨디션에 더 좋다고 생각되는 것을 선택하시면 되겠습니다.

> **Q**
> 제가 머리가 긴 편인데요, 여자의 경우 머리를 세팅하고 가는 것이 좋을까요?

A1 저는 머리 세팅을 받으려면 새벽에 일어나야 한다고 들었고, 컨디션을 중요하게 생각했기 때문에 집에서 머리를 미리 연습해보았고 괜찮아서 당일에도 제가 머리와 메이크업을 하고 갔습니다. 대부분 머리 세팅을 하고 오신 것 같긴 했습니다. 개인적인 생각으로는 머리와 메이크업은 깔끔하고 단정하게만 하면 된다고 생각합니다.

A2 저도 머리가 긴 편이었고, 혼자 깔끔하게 머리를 올리지 못하는 편이라 면접 당일 새벽에 메이크업과 세팅을 받고 면접을 봤습니다. 제가 들어간 대기실에는 머리 세팅을 안 한 분이 없을 정도여서 많이 놀랐고, 수험생이 거의 모두 승무원 같은 머리 스타일을 하고 있었던 기억이 있습니다.

> Q
> 너무 일반적인 답을 하면 점수를 잘 받지 못할까요? 저만의 답변을 하는 것이 중요한지, 어느 정도 틀에 맞으면 정답 처리가 되는지 궁금합니다.

A1 저는 일반적인 답도 괜찮다고 생각합니다. 답변을 할 때 강조할 부분에 악센트를 주어 강조를 하거나 목소리 톤을 달리하면 똑같은 답변이더라도 더 잘 들리기도 하고, 특별해 보인다고 생각합니다. 문제를 풀 때 특별한 답 또는 나만의 답을 말하는 것은 너무 좋지만 특별해야겠다는 생각으로 대답한 답이 초점에서 벗어난다면 감점의 요인이 될 수도 있기 때문입니다.

A2 자신만의 개성 있는 답변을 하는 것도 중요하지만 그렇게 했을 때 자칫 질문의 요지를 잘못 파악하는 경우가 생기기도 합니다. 일반적인 답변도 자신의 경험을 녹여내면 충분히 좋은 답변으로 만들 수 있습니다. 예를 들어, 학교에서 갈등이 있었던 학생 두 명의 회복과 성장을 위한 상담 프로그램을 만들라는 질문에 저는 노르웨이에서 경험했던 숲상담 이야기를 하며 숲상담 프로그램을 제시했었습니다.

| 면접 당일 |

> **Q**
> 면접 순서가 면접 점수에 영향을 미칠까요?

A1 모든 순서에는 장단점이 있는 것 같습니다. 저는 면접 순서가 맨 끝 번호였는데 기다리는 시간이 길었던 만큼 힘든 점들도 있었지만 긴장된 마음을 이완시킬 수 있는 시간도 많이 주어졌다고 생각합니다. 저도 좋은 결과가 있었기 때문에 혹시 끝 번호가 되신 선생님도 너무 걱정하지 않으셨으면 좋겠습니다. 처음에 보여주고자 하는 자신의 모습을 잘 보여줄 수 있으면 순서는 크게 상관없지 않을까 합니다. 다만 시간이 지남에 따라서 자신의 컨디션을 잘 조절하는 것은 중요합니다. 한번 뽑은 번호는 바꿀 수 없기 때문에 어떤 번호이든 이 번호는 합격하는 번호라고 생각하고 면접에서는 행복하고 즐거운 생각을 하시는 게 좋을 것 같습니다. 마지막 번호는 불리하다는 이야기도 많지만 저는 마지막 번호라 할 수 있는 것들도 있다고 생각합니다.

A2 면접 순서가 점수에 영향을 미칠지는 잘 모르겠습니다. 말씀드리고 싶은 것은 순서는 내가 통제할 수 없는 부분입니다. 저는 중간 정도의 순서를 뽑고 싶었는데 두 번째 순서를 뽑았습니다. 2번이 나왔을 때는 이게 현실인가 싶었습니다. 첫 번째 수험생이 구상실에 들어가고 나서 15분 뒤에 바로 이어 들어가기 때문에 이것저것 생각할 겨를도 없고 심장이 빠르게 뛰면서 긴장이 밀려왔습니다. '아무리 잘하더라도 처음부터 높은 점수는 받지 못하는 게 아닌가?'라는 생각을 했었는데 고득점을 받은 것을 보면 순서가 그렇게 중요한건 아니었던 것 같기도 합니다. 두 번째 순서라서 그런지 몰라도 제가 느낀 점은 면접관들께서 처음부터 끝까지 집중하시면서 들어주시고, 인사, 태도, 제스처 등 모든 것을 자세하게 보시는 느낌을 받았습니다. 답변이 다 끝나고 교실 문을 나서는 순간까지도 저를 바라보시는 것 같이 느껴졌기 때문에 이 점을 주의하시면 좋겠습니다.

> **Q** 구상실에서 구상지를 작성할 때 팁이 있을까요?

A1 나중에 답변할 때 잘 볼 수 있도록 펜으로 답변 키워드를 크게 쓰고, 세부 사항은 1), 2), 3)과 같이 번호를 매겨서 구조화된 답변, 그리고 잘 볼 수 있는 답변으로 쓰려고 했습니다. 문장으로 쓰는 것보다는 단어를 쓰는 방식으로 구상했습니다.

A2 저는 아이디어가 나오는 시간이 빨랐기 때문에 머릿속으로 빠르게 생각하고 면접장에서 확인하면서 답변할 수 있도록 키워드만 간단하게 적었습니다. 이미 정리를 했었던 클로징 멘트는 아예 적지 않고 시간을 아껴서 본문에 더 충실할 수 있도록 작성했습니다.

> **Q** 면접실에 들어가서 인사를 어떻게 하면 좋은 인상을 줄 수 있을까요?

A1 문이 열리고 처음 본 제 첫인상이 웃는 얼굴이었으면 좋겠다고 생각해서 저는 면접장 문을 열기 전부터 웃는 모습을 유지하고 있었습니다. 들어가서는 크고 밝은 목소리로 인사드리고 착석할 때도 의자에 앉아도 될지 여쭈어봤습니다. 의자에 착석하고 나서도 바로 답변을 시작하지 않고 면접관 한 분 한 분 눈맞춤하며 웃었습니다. 처음에는 면접관분들도 표정이 굳어 계셨는데 나중에는 웃어주셨습니다. 인사는 크고 밝게 하는 게 좋을 것 같습니다.

A2 밝은 에너지를 줄 수 있으면서 자신감 있는 큰 목소리로 90도 인사를 했습니다. 떨리는 순간이라 조급할 수 있는데 최대한 차분하게, 천천히 그리고 여유 있게 보이려고 노력했습니다.

> **Q 면접 당일 준비물은 무엇을 챙기셨나요?**

A1 저는 경험이 없어 간단히 준비해갔는데 여러 가지 챙겨가시면 도움이 될 것 같습니다. 시간을 함께 보낼 수 있는 간식거리(귤), 난방으로 건조해지는 눈을 위해 인공눈물, 계속 앉아 있어서 허리도 아프니 쿠션, 그리고 창가 쪽에 앉을 것을 대비하여 핫팩을 챙기시길 바랍니다.

A2 저는 마지막 순서를 뽑을 것을 대비해 먹을 것을 많이 챙겼습니다. 생수, 따뜻한 차, 점심으로 먹을 빵과 샌드위치, 에너지바, 귤, 바나나 이렇게 넣고, 물티슈, 핫팩도 챙겼습니다. 처음에 가서 순서를 뽑기 전 잠깐 볼 수 있도록 한 페이지로 정리한 노트도 가져갔습니다.

> **Q 면접장에서 면접관들은 어떠셨나요?**

A1 세 분이 앉아 계셨는데 한 분은 거의 고개를 들어서 저를 보지 않으셨고, 나머지 두 분은 저를 바라보고 계셨습니다. 그중 한 분께서 중간에 구두로 추가질문을 하셨습니다. 이 부분은 지역마다 다를 수 있으므로 참고만 하시면 될 것 같습니다.

A2 지역마다 다르겠지만 저는 세 분의 면접관이 계셨습니다. 어떤 분은 제 말을 열심히 기록하시면서 키워드에서만 절 쳐다보셨고 다른 분은 인자한 미소와 함께 저를 계속 바라보셨습니다. 개인적으로는 나를 바라보지 않더라도 이 세 분을 모두 바라보면서 답변을 하는 게 좋다고 생각합니다.

상담교사가 알려주는 면접 에센스:
50문 100답

교실에서 마주할 수 있는
문제 학생(ADHD, 규칙위반, 품행불량)

1 학생A는 수업시간에 다른 친구에게 계속 말을 걸거나 교실 밖으로 나가는 등의 행동을 보입니다. 교과과제물도 잃어버리거나 해오지 않는 경우가 많아 학습에도 어려움을 겪고 있습니다. 교사로서 어떤 도움을 제공할 수 있을지 말해보시오.

> 답안 1

저는 상담교사로서 학생에게 다음과 같은 3가지 도움을 제공하고자 합니다.

첫째, 행동의 결과가 아닌 과정에서 학생을 파악하겠습니다. 같은 행동이라도 여러 가지 다른 원인들에 의해 발생하기도 하고 어떤 원인인지에 따라서 학생에게 주어져야 하는 도움이 달라진다고 생각합니다. 따라서 학생이 수업시간에 불안을 느끼는 것인지, 무언가에 집중하는 것에 문제를 겪는 것인지 또는 복합적인 원인이 존재하는 것인지 등을 먼저 파악해보겠습니다. 그리고 문제 행동을 하여 수업을 방해하는 학생으로 낙인찍는 것이 아니라 학생이 왜 그러한 행동을 하게 된 것인지를 고민하겠습니다. 이 과정에서 담임교사, 교과교사들과도 협력하여 학생을 파악하도록 하겠습니다.

둘째, 학교 일과생활 중 활용할 수 있는 **행동조절능력을 높여줄 수 있는 방법들**을 학생에게 알려주고 같이 시연해보겠습니다. 수업시간 중 갑자기 친구에게 말을 걸거나 과제물을 잘 잃어버리는 등의 행동들을 살펴볼 때 평소 학생의 집중력과 행동조절능력이 낮을 수도 있다고 생각합니다. 충동적인 행동을 조절하고 단기적으로 집중력을 높일 수 있는 이완호흡법, 마음속으로 숫자세기 등의 방법들을 알려주고 함께 연습하겠습니다.

셋째, **외부센터와 협력하여 문제를 해결**하겠습니다. 특히 교실 밖을 배회하는 행동의 경우 학교에서 안전상의 문제와도 직결되므로 더더욱 주의할 필요가 있다고 생각합니다. 만약 이러한 행동이 지속되고 보다 높은 전문적인 도움이 필요하다고 생각되는 경우 Wee센터 또는 외부협력단체들과 협력하여 학생이 안전하고 슬기로운 학교생활을 할 수 있도록 상담교사로서 돕겠습니다.

저는 이와 같이 행동의 결과가 아닌 원인을 동료교사들과 협력하여 파악하고, 행동조절력을 높일 수 있는 방안들을 마련하며 마지막으로 외부센터와 적극적인 연계를 통해 한 아이도 빼놓지 않는 책임교육을 실현할 수 있도록 하겠습니다.

답안 1의 Tip

모든 행동에는 결과가 존재하기 전에 원인이 있는 법입니다. 그리고 원인에 따라서 어떤 도움을 줄 수 있는지 달라진다고 생각합니다. 수업시간에 불안을 느끼는 것인지, 움직이고 싶다는 **충동**이 조절되지 않는 것인지, 한 가지 행동에 주의를 기울이는 것이 힘든 것인지 문제 행동이 나타나기 전의 과정을 살펴봐야 합니다. 원인이 무엇인지 혼자서 고민하기보다는 학교에 학생을 담당하고 있는 교과교사, 담임교사, 상담교사 등 여러 선생님과 함께 협력하여 학생에게 도움을 주는 방안을 고려해보는 것이 좋다고 생각합니다.

> 답안 2

　제시된 학생의 문제에 대해서 다음과 같은 접근을 하겠습니다.
　첫째, 수업시간에 친구들에게 말을 걸거나 밖으로 나가는 과잉 행동을 보일 경우에는 학생의 행동을 멈출 수 있도록 교실 밖으로 불러내어 잠시 교실의 다른 학생들과 분리하여 진정시킬 것입니다. 교실 안에는 많은 학생들이 있기 때문에 그 순간 많은 학생들 앞에서 그 학생의 문제를 바로잡기에는 해당 학생의 감정을 들어볼 수도 없을 뿐더러 군중 심리가 작용하여 오히려 상황이 악화될 수 있습니다. 또한 학생이 분노 조절의 어려움을 보일 경우 위험한 상황으로 이어질 수 있기 때문에 타임아웃과 같이 그 장소에서 분리하여 먼저 분노를 가라앉히도록 하는 것이 효과적일 것입니다.
　둘째, 학생과의 개인상담을 통해 학생이 수업시간에 집중하지 못 하는 행동을 한 이유와 과제물을 잃어버리거나 해오지 않는 이유를 들어보겠습니다. 상황에 적절한 행동이든 적절하지 못한 행동을 보이든 모든 행동에는 원인이 있습니다. 학생이 다른 친구들에게 말을 걸고 교실 밖을 나가는 행동과 과제물을 잃어버리는 모습을 나타내는 것으로 보아 주의력 결핍 과잉 행동의 증상을 보이는 것 같으나 학생을 진단하거나 증상에 대해 단정 짓지 않고, 학생의 입장에서 공감해주며, 어떠한 어려움이 있었는지 들어보고 이해하는 태도를 갖겠습니다.
　셋째, 혼자서 해결하려 하지 않고 담임선생님, 상담선생님과 협력하고, 교감, 교장선생님께 보고하여 함께 해결 방법을 찾겠습니다. 담임선생님께서는 학생과 많은 시간을 보내면서 학생의 학업 태도뿐만 아니라 정서적인 부분까지 자세하게 알고 계실 것입니다. 또한 상담선생님께서 전문적인 상담을 통해 그 아이만을 위한 도움을 제공해주실 수 있을 것입니다.

🏫 **답안 2의 Tip**

일반교사의 입장에서 답변을 적어 보았습니다. 수업시간에 일어난 사건이기 때문에 그 순간에 어떻게 대처할 것인지 물어보는 문제라고 생각했습니다. 가장 중요하게 기억할 부분은 아이가 화가 나서 폭력적인 행동을 보이는 순간에 모든 것을 해결할 수는 없다는 것입니다. 교사들이 수업을 진행하면서 한 아이와 씨름하는 경우는 생각보다 자주 발생하는 일입니다. 이럴 때 현명하게 대처하는 방법으로 타임아웃이 있습니다. 수업 중 복도로 잠시 나가거나, 쉬는 시간에 이어서 얘기하자고 하면서 그 순간에 진정시키는 것이 좋겠습니다. 또한 학생이 과잉 행동과 부주의함을 보인다고 해서 어떤 증상이라고 단정 짓지 않는 태도가 중요하다고 생각합니다.

2 학생A는 이제 초등학교에 올라온 1학년 학생입니다. A는 만들기 시간에 자신의 마음에 들면 친구들 색종이를 말도 없이 가져가거나 급식시간에도 급식실에서 뛰어다니거나 새치기를 하는 등 규칙을 잘 지키지 못하여 생활지도에도 어려움을 겪고 있습니다. 교사로서 어떤 도움을 제공할 수 있을지 말해보시오.

답안 1

학교에는 반드시 지켜야 하는 규칙들이 있습니다. 문제에서는 다른 친구의 색종이를 마음대로 가져가거나, 급식시간 새치기 등 규칙을 잘 지키지 못하는 학생이 등장합니다. 학교에서 규칙을 잘 지키지 못하는 학생에게 저는 상담교사로서 다음과 같은 도움 3가지를 제공하겠습니다.

첫째, 규칙에 따라서 일관된 그리고 단호하지만 따뜻한 피드백을 제공하겠습니다. 학교에 처음 와 모든 것을 처음 겪는 학생이 혼란스럽지 않도록 그리고 배워야 하는 것들을 제대로 배울 수 있도록 학생의 행동 하나하나에 관심을 가지고 단호하지만 따뜻한 자세로 일관되게 지도하겠습니다. 이 과정에서 단순히 안 된다고 하는 것이 아니라 왜 안 되는 것인지 학생 입장에서 이해할 수 있도록 설명해주겠습니다.

둘째, 학생에게 규칙을 지킬 때의 안정감과 자신의 노력에 대한 변화의 기쁨을 알려주겠습니다. 단호한 피드백뿐만 아니라 실제로 학생의 행동 변화가 나타났을 때 나타나는 긍정적인 것들을 학생이 느낄 수 있도록 돕겠습니다. 가령 급식실에서 질서를 잘 지킬 때 행동의 변화를 위한 학생의 노력에 격려와 지지를 하겠습니다. 또한 친구의 색종이를 마음대로 가져가지 않는 등의 행동으로 규칙을 지켰을 때 친구들과의 관계에 어떤 변화가 있었는지 학생과 이야기해보며 자신의 변화를 직접 느끼고 변화에 대한 동기를 가질 수 있도록 하겠습니다.

셋째, 인내심을 가지고 학생에게 꾸준한 피드백을 제시하겠습니다. 학생들은 모두 각자의 시간대에 살고 있다고 생각합니다. 변화의 속도가 빠른 학생도 있고 느린 학생도 있습니다. 따라서 한 번에 학생이 변화하지 않더라도 내일, 일주일 후, 한 달 후 그리고 다음 학기까지 학생의 변화를 이끌어낸다고 생각하고 인내심 있게 학생을 기다리는 교사가 되겠습니다.

한 학생이 규칙을 배우고 익히는 것에는 교사와 학생, 공동의 노력이 필요하다고 생각합니다. 저는 다음과 같은 3가지 방법을 통해 외부에서가 아닌 내부에서 우러나오는 마음으로 학생이 학교에서 규칙을 어떻게 준수하고, 규칙을 준수했을 때 어떤 긍정적인 것들이 있는지 알아갈 수 있도록 돕겠습니다.

답안 1의 Tip

새 학기가 되면 학생들은 이전과는 다른 선생님을 만나고, 새로운 친구들을 만나는 등 많은 환경의 변화를 겪습니다. 특히 1학년 학생의 경우 이전과는 크게 다른 생활들을 시작하게 되며 새로운 규칙에 잘 적응하지 못하는 학생도 있습니다. 규칙의 경우 익숙하지 않은 학생들이라면 규칙을 배워나가고 익숙해지는 과정에서 교사와 학생, 공동의 노력이 필요합니다. 이 과정에서 스트레스를 받고 상담실을 방문하기도 하지만 이러한 부적응 행동이 일시적이고 정도가 심하지 않다면 자연스러운 과정입니다. 상담교사는 변화를 힘들어 하는 학생이 상담실을 찾아왔을 때 학생들이 학교에 정서적인 안정감을 가지고 잘 적응할 수 있도록 도와주어야 합니다. 다만, 부적응 행동이 몇 개월이 지나도 지속되거나 불안 등으로 더욱 악화가 되어가는 경우 적극적인 대처가 필요하므로 학생 정서의 변화에 민감하게 귀를 기울여야 합니다. 제가 답변에서 같은 단어를 여러 번 말하는데 이것은 키워드를 강조하기 위해서입니다. 면접에서는 말로 전달하기 때문에 글을 쓸 때보다 전달에 더 신경을 써야 합니다. 키워드를 한 번만 말하면 장시간 듣기를 해야 하는 면접관들에게 충분히 전달되지 않을 수 있다고 생각합니다. 그래서 저는 반복되는 느낌을 줄 수도 있지만 설명하듯이 말하며 키워드를 여러 번 말해서 전달하고자 하는 내용을 확실하게 전달하려고 하였습니다.

> 답안 2

저는 상담교사로서 학생에게 다음과 같은 3가지 도움을 제공하고 싶습니다.

첫째, 교육과정과 연계된 생활지도가 필요합니다. 처음으로 초등학교에 들어와서 규칙들을 배워가는 시기입니다. 발달상 만 7세까지의 아동은 자기중심성이 강합니다. 자신의 입장에서 타인을 바라보는 경향이 강하기 때문에 이런 상황에서 '억울해'라는 말을 많이 하기도 합니다. 학교에서 함께 지내기 위해서는 교육이 필요합니다. 교실에서 지켜야 할 규칙, 급식실에서 지켜야 하는 규칙을 정확하게 전달하고 반복해서 학습할 수 있도록 해야 합니다.

둘째, 상담과 인지행동치료를 병행하도록 돕겠습니다. 상담을 통해 아동의 내면을 읽어주는 것이 중요합니다. 규칙을 지키지 못하는 나쁜 행동에만 집중하지 말고 그 속의 내면을 읽어주며 인정해주어야 합니다. 친구의 색종이를 가져가고, 새치기를 하는 것은 나쁜 행동이지만 아이는 자기가 좋아하는 색의 색종이를 가지고 싶었고, 밥을 빨리 먹고 싶었던 욕구가 더 컸기 때문에 행동으로 나타난 것일 수 있습니다. 아이의 마음을 물어봐주고 공감해준 다음 인지행동에 집중하여 교육과 치료를 병행한다면 학교라는 울타리 내에서 타인과 잘 어울릴 수 있을 것입니다.

셋째, 학부모님과 지속적으로 상담하여 교육이 가정에서도 이루어 질 수 있도록 해야 합니다. 초등학교 1학년은 태어나서 처음 학교라는 공간에 왔고 적응하기 위해 스스로도 많이 힘든 시기입니다. 또한 생활의 질서를 배우는 아주 중요한 시기입니다. 타인을 이해하고 함께 어울리기 위해서는 가정에서도 일관되고 지속적인 관심과 지지가 필요하다고 생각합니다.

답안 2의 Tip

저는 학생이 초등학교 1학년이라는 것과 생활지도의 어려움을 키워드로 생각하고 답변을 생각했습니다. 아이들이 어릴수록 자신의 감정을 말로 표현하는 것보다 행동으로 표현하는 것에 더 익숙합니다. 발달과 상황을 이해해서 도움을 제공할 방법을 생각하면 좋겠습니다.

3 반에서 주의력 집중 부진과 과잉 행동을 보이는 학생, 또는 학습이 느린 학생과 같은 학생들이 주변 친구들 사이에서 낙인이 찍혀서 위축된 모습을 보이거나 문제 상황에 봉착할 때가 많습니다. 학급에서 학생들이 서로의 다름을 받아들이고, 친화적인 분위기를 만들게 하기 위해서는 담임교사(또는 각 교과교사, 비교과교사)로서 어떤 프로그램을 진행할 수 있는지 말해보시오.

답안 1

저는 역할 바꾸기 활동을 활용한 사이코드라마 프로그램을 진행해보겠습니다. 부모가 되어서야 나를 키운 부모의 마음이 보인다고 합니다. 저는 이전에 대학수업에서 학교폭력 가해자 학생들을 대상으로 한 사이코드라마 프로그램을 만들어본 경험이 있습니다. 역할 바꾸기 사이코드라마 프로그램을 통해 아이들에게 3가지를 가르칠 수 있다고 생각합니다. 첫째로는 타인과 나의 역할을 바꿈으로써 학생들이 다른 친구의 역할을 하며 친구의 입장에서 생각해보는 자세를 가르칠 수 있다고 생각합니다. 둘째로는 다른 학생의 시선에 비추어지는 자신을 바라보며 자신의 행동이 다른 친구들에게 상처를 주지는 않았는지, 친구들에게는 어떻게 받아들여지는지 통찰을 주는 것입니다. 마지막으로 같은 학급 친구의 마음에 공감하는 능력을 키워 자연스럽게 서로 배려하는 친화적인 분위기를 만드는 것입니다.

제가 진행하고자 하는 사이코드라마의 과정은 다음과 같습니다. 먼저 학생들이 직접 각본을 짜게 하여 우리 학급에서 일어나는 일들에 대해서 자세히 고민해볼 시간을 주겠습니다. 또한 주변 친구들에게 낙인이 찍힌 친구의 역할을 돌아가면서 해보며 친구의 마음을 이해하고 우리가 낙인을 찍어버린 친구에게는 어떤 숨겨진 장점이 있는지 다른 모습으로 바라볼 수 있도록 하겠습니다. 이렇게 우리 학급의 모습을 다른 학생이 되어서 생각해볼 기회를 주어

이를 통해 자연스럽게 서로의 다름을 받아들이도록 하겠습니다. 사이코드라마를 같이 준비하며 학생들이 협력하는 것에 대한 소중함도 배울 수 있다고 생각합니다. 저는 이와 같이 역할 바꾸기 활동 사이코드라마 프로그램을 학급에 활용하여 다름을 또 다른 하나의 강점으로 받아들이고 서로에게 공감하며 한 학생 한 학생 모두가 특별한 자신으로 편안하게 지낼 수 있는 학급이 될 수 있도록 하겠습니다.

답안 1의 Tip

어떤 프로그램을 진행할 것인지 물어보는 질문에서는 자신의 경험과 전문성을 자연스럽게 보여줄 수 있다고 생각합니다. 가령 부전공이 있으신 선생님들은 자신의 전공과 부전공을 융합한 프로그램을 계획하실 수도 있겠습니다.

> 답안 2

교실에는 다양한 학생들이 존재합니다. 학생들이 서로의 다름을 이해하고 수용할 수 있도록 서로의 단점을 장점으로 바꿔보는 프로그램을 구성하여 진행하겠습니다. 학생들의 상호작용을 위해 모둠을 만들고 모둠에서 색종이를 이용하여 상자를 만들도록 하겠습니다. 각자 색종이를 접지만 그것을 하나로 모아 합쳐지게 하면서 상자라는 작품을 함께 만드는 것입니다. 혼자서 하는 활동이 아니라 서로 손을 움직이며 색종이를 접게 하면서 공동의 작품을 완성하는 것은 자기효능감을 높일 수 있는 장점이 있습니다. 이후에 종이를 나누어 주어 그곳에 각자 자신의 단점을 써보도록 합니다. 종이를 접은 쪽지는 함께 만든 상자에 넣고 돌아가면서 하나씩 뽑은 후에 읽어주고 그것을 옆 친구가 장점으로 바꿔주는 활동입니다. 자신이 드러내고 싶지 않은 단점을 드러내보고 그것을 친구가 장점으로 바꾸어준다면 자신을 통합하여 받아들일 수 있게 될 것입니다. 또한 장점을 생각해보고 서로 피드백을 주고받으며 따뜻한 또래관계를 형성할 수 있을뿐더러 친구들의 단점도 긍정적으로 생각해보는 좋은 기회가 될 것입니다.

답안 2의 Tip

학급 프로그램을 생각할 때 학급의 학생들 모두가 함께 할 수 있는 프로그램이면서 서로 이해할 수 있는 내용을 주제로 정한다면 어떤 프로그램도 가능할 것입니다. 자신이 예전에 교생 실습이나 봉사 활동 등에서 했던 경험을 떠올려보고 접목해도 좋고, 본인의 아이디어로 창의적으로 답변을 생각하면 좋을 것 같습니다.

폭력적 행동(욕설, 행동조절 문제)

4 반의 학생 중에 갑자기 욕설을 하거나 폭력적인 행동을 하는 학생이 있습니다. 수업 중에도 부주의한 모습을 보이거나 어려운 문제가 나오면 책을 찢어버리거나 낙서를 하는 등 학습을 따라가는 것을 힘들어합니다. 학습적인 면과 정서적인 면에서 어떤 도움을 제공할 수 있는지 각각 1가지씩 말해보시오.

(답안1)

저는 상담교사로서 해당 학생에게 다음과 같은 도움을 제공하겠습니다.

학습적인 면으로는 심리검사를 활용한 학습상담을 진행하여 학생에게 개별 맞춤형 지원을 하겠습니다. 학교에는 다양한 학생들이 있고 단 하나의 학습 방법으로 학생들을 지도하는 것에는 한계가 있기 때문에 학생 각자에게 맞는 개별 맞춤형 지원이 필수적이라고 생각합니다. 저는 U&I학습유형검사를 통해 학생의 학습 유형과 동기를 파악한 후 학습에 대한 일대일 코칭을 하여 학생 자신에게 맞는 학습 방법을 찾을 수 있도록 하겠습니다. 이렇게 학습에 어려움을 겪는 학생에게 학생의 특성에 맞는 또는 학생의 흥미에 맞춘 학습 방법이 무엇인지 찾을 수 있도록 하겠습니다. 또한 필요하다면 담임교사와 협력하여 학생에게 적절한 도움을 줄 수 있도록 다중지원팀을 구성하겠습니다.

정서적인 면에서는 강점검사를 통해 학생이 자신의 강점을 알고 내면의 힘을 통해 스스로 폭력적인 행동을 통제할 힘을 기를 수 있도록 하겠습니다. 약점을 어떻게 극복할 것인가가 아닌 강점을 어떻게 활용할 것이냐가 중요하다고 생각합니다. 학생의 행동들이 부정적이게 본다면 폭력적이라고 볼 수 있지만 강점으로 바꾸어 생각해본다면 에너지가 많은 것 그리고 감정 표현을 잘하는 것으로도 생각할 수 있습니다. 학생이 자신을 다른 각도로 바라보는 것, 자신을 긍정적으로 바라봄으로써 자신의 행동 또한 긍정적인 행동으로 변화시킬 수 있다고 생각합니다. 저는 강점검사를 통해 자신에 대해서 긍정적으로 생각할 수 있도록, 어려움을 이겨내는 내부의 힘을 길러주는 활동을 통해 자신이 가지고 있는 강점을 올바르고 자신에게 도움이 되는 방향으로 사용할 수 있도록 지도하겠습니다.

이와 같이 학습적인 면에서는 심리검사를 활용한 개별 맞춤형 지원을 그리고 정서적인 면에서는 강점검사를 통해 자신을 스스로 통제할 수 있도록 도와서 한 아이도 빼놓지 않는 책임교육을 실현하도록 하겠습니다.

답안 1의 Tip

해당 질문에서는 학습적인 면과 정서적인 면 모두를 물어보고 있습니다. 이러한 문제에서는 자신이 시책을 얼마나 이해하고 있는지, 또한 자신의 교직관도 자연스럽게 보여줄 수 있는 문제이기 때문에 이러한 점들에 유의하여 답변한다면 좀 더 일관성 있고 준비된 예비교사로서의 모습을 보여줄 수 있다고 생각합니다. 특히 학생들의 학습을 위해 기존에 교육청에서 실시하고 있는 것들도 함께 언급을 해준다면 더욱 좋을 것 같습니다.

> 답안 2

　　수업 중에 폭력적인 행동이나 부주의한 태도를 보이는 학생을 보면 당황스러운 경우가 많습니다. 학습에도 어려움을 보이면서 폭력성을 보이는 등 정서적인 도움이 필요한 상황이라면 학교에서 다중지원팀을 구성하여 체계적인 접근이 필요하다고 생각합니다.

　　학습적인 면에서는 다중지원팀에서 논의하에 ==방과후 소집단 보충학습, 서울학습도움센터와 연계한 학습코칭==을 통해 학생에게 도움을 제공하겠습니다. 학생이 학습에 어려움을 보이고 있기 때문에 소집단으로 학생을 밀착 케어하는 것이 중요합니다. 학생의 부족한 학업 내용을 빨리 파악하여 개별 맞춤형 교육을 실시하겠습니다. 또한 부주의한 태도는 학생이 자신의 학습을 관리하는 데 어려움이 있을 것입니다. 학습 전에 계획을 수립하는 것, 학습 방법, 집중력 향상 방법 등의 학습 코칭이 필요할 것입니다. 서울학습도움센터의 도움을 받아 학습 전략을 배울 수 있도록 하겠습니다.

　　정서적인 면에서는 ==위클래스(학교 상담실) 상담==을 진행하겠습니다. 수업 중 여러 가지 폭력적인 행동을 하고 있는데 학생과 상담을 통해 학생이 진정으로 무엇을 원하고 있는지 알아보겠습니다. 학생이 욕설을 하고, 책을 찢는 이유 등은 한 가지 이유가 아닌 복합적으로 뒤섞인 감정의 결과일 수 있습니다. 과거의 경험이나 가정과 연관된 문제일 수도 있습니다. 진단과 판단보다는 여러 가능성을 열어두고 학생을 도울 수 있는 자세로 접근하겠습니다. 학생과 상담을 통해 학생의 어려움을 들어주고 학생과 함께 해결 방법을 찾아보겠습니다.

🏫 **답안 2의 Tip**

다중지원팀은 학교에 실제로 존재하고 위기사안이 생길 때마다 여러 선생님들의 의견을 공유하는 팀입니다. 한 학생의 문제에 대해 여러 교사가 협력하여 심층적으로 고민하는 것입니다. 여러 교육청에 각기 다른 이름의 학습도움센터가 있을 것입니다. 시책에 있는 내용을 찾아보고 학습이 느린 학생들을 도울 수 있는 방법을 생각해보면 좋겠습니다.

5 학생A는 마음에 들지 않는 일이 있을 때 수업시간에 책상을 큰 소리가 나도록 쾅쾅 치는 행동을 보입니다. 그리고 친구들과 간혹 교실에서 다툼이 있을 때는 주먹이나 딱딱한 물건을 사용하여 친구에게 신체적인 폭력을 사용합니다. 담임교사가 여러 번 엄격하게 폭력을 제한하고 생활지도를 하였지만 시정되지 않는 듯합니다. 해당 학생에 대한 학생상담을 어떻게 진행할 것인지 말해보시오.

답안1

　수업 중 폭력적인 행동을 보이고 친구들 간의 관계에 있어서도 폭력적인 행동 방법을 선택하는 학생에게 저는 상담교사로서 다음과 같은 3가지 방식으로 지도를 하겠습니다.

　첫째, 먼저 수업시간에 학생이 폭력적인 행동을 했을 때 학생에게 감정을 조절할 수 있는 시간을 주겠습니다. 필요하다면 타임아웃 등을 활용하여 다른 학생들의 수업시간에는 피해를 주지 않으면서 해당 학생에게는 스스로 감정을 조절할 수 있는 기회를 주겠습니다. 또 심호흡법이나 마음속으로 숫자세기 등을 하며 마음을 가다듬을 수 있도록 하고 이후에 그런 방법을 통해 마음을 가다듬어 보니 어땠는지 말해달라고 하겠습니다.

　둘째, 행동이 아닌 과정에 집중하여 폭력으로 무언가를 해결할 수 있다는 인지적 오류를 바로잡겠습니다. 폭력은 방법이 될 수 없으며 무엇도 해결할 수 없다는 것을 알려주겠습니다. 수업이 끝나고 진정이 된 학생과 함께 왜 자신이 그런 행동을 한 것인지, 당시의 감정이 어떠했는지 그 과정을 살펴보겠습니다. 다른 친구들에게 폭력을 사용할 때에도 왜 그러한 행동을 선택한 것인지, 그 전에 자신의 마음이 어땠는지, 어떻게 하였으면 폭력적인 행동이 아닌 다른 행동을 할 수 있었을지 고민할 시간을 주고 학생이 폭력으로 문제를 해결할 수 있다고 생각하는 인지적 오류를 바로잡겠습니다.

셋째, 장기적으로 학생의 행동조절력을 높일 수 있도록 학생상담으로 지도해나가겠습니다. 행동조절력을 높일 수 있는 집단놀이치료를 실시하겠습니다. 집단놀이치료에서의 역동을 관찰한 후 꾸준히 피드백을 제공하여 학생이 폭력적인 의사소통 방법에서 벗어나 새로운 소통 방법을 익힐 수 있도록 하겠습니다.

세상에는 바르지 않지만 쉬운 일과 어려운지만 옳은 일을 선택해야 할 때가 있습니다. 폭력을 사용하면 지금 이 순간 나의 위기는 모면할 수 있을지 모르지만, 옳은 일을 선택하는 것은 정말로 강하고 용감한 사람들만이 할 수 있는 것입니다. 학생들이 쉬운 일보다는 옳다고 생각되는 행동을 선택하는 힘을 상담교사로서 학생상담을 통하여 길러주겠습니다. 저는 다음과 같은 3가지 대처 방법을 통해 학생이 자신의 행동과 감정을 되돌아보며 자연스럽게 당시에 왜 폭력적인 행동을 하게 된 것인지 성찰하며 폭력적인 의사소통에서 벗어나 타인과 비폭력적이고 공감적인 방법으로 의사소통을 할 수 있도록 학생상담을 진행하겠습니다.

답안 1의 Tip

수업시간에 갑작스럽게 욕설을 하거나 책을 던지는 등 폭력적인 학생이 있을 때 신경 써야 하는 것은 1) 다른 학생들의 수업시간에 피해가 가지 않게 하기 2) 행동을 단순히 넘기면 다음에 다른 학생도 동일하게 행동할 수 있다는 점(행동모방) 3) 감정적으로 대처하지 않고 학생에게도 학습의 기회가 될 수 있도록 상담교사로서 지도한다는 점입니다. 행동 자체에만 피드백을 하는 것은 이후에 발생하는 폭력적인 행동들을 막는 것에 한계가 있습니다. 학생이 폭력적인 행동을 한 이유와 원인에 대해서 탐색해보고 학생에게 그에 맞는 도움을 주는 것이 중요합니다. 폭력적인 의사소통 방식에 길들여진 학생을 바꾸는 것은 쉽지 않지만 교사의 꾸준한 피드백과 학생의 노력으로 변화를 만들어 나갈 수 있습니다.

답안 2

저는 다음과 같은 내용에 초점을 두어 학생과 상담하겠습니다.

첫째, 폭력성을 일으키는 학생 내면의 분노를 파악하겠습니다. 자신의 감정을 표현하는 것에 서툰 아이들의 경우 말로 표현하기보다는 책상을 치거나 물건을 던지는 등 행동으로 나타내는 경향이 있습니다. 학생과 상담을 통해 화가 나는 상황, 자신의 욕구 등을 알아보며 학생이 어떤 분노를 표현하지 못하고 있는지 탐색하겠습니다.

둘째, 분노를 다른 방법으로 해소할 수 있는 활동을 진행하겠습니다. 사람은 누구나 감정을 느낍니다. 분노의 감정이 든다고 하더라도 이를 표현하지 못하게 하는 것은 잘못된 것입니다. 자신의 감정을 건강하게 표출하는 것이 중요합니다. 학생이 화가 날 때 물건을 집어던지는 대신 마음속으로 'STOP!(그만해)'이라고 외치기, 마음속으로 열까지 숫자세기 등의 대안 행동을 알려주고 연습해보겠습니다. 또한 찰흙이나 클레이를 이용한 이완작업을 통해 자신의 부정적인 감정을 표현하고 해소할 수 있는 미술치료 방법을 사용해보겠습니다.

셋째, 행동에 대한 교육 및 학생과 함께 규칙을 만들겠습니다. 학생에게 물건을 집어던지는 것은 잘못된 행동이라는 것을 분명하게 알려줘야 합니다. 감정적 대처가 아니라 건강한 훈육으로서 학생에게 행동을 알려주고 스스로 바꾸고 싶은 행동들을 돌아볼 수 있게 하는 것이 중요합니다. 학생이 자신의 목표 행동을 적어보고 어떻게 하면 바꿀 수 있을지 함께 생각하겠습니다.

답안 2의 Tip

폭력적인 행동을 보인 학생들도 자신이 한 행동이 잘못된 행동이라는 것을 잘 알고 있는 경우가 많습니다. 왜 그런 행동을 하게 되었는지 내면을 살펴주고, 건강한 방법으로 표출할 수 있도록 돕는다면 학생들도 선생님을 믿고 따를 것입니다. 또한 학생을 교육할 때 감정적으로 대하게 되는 경우가 있는데 학생을 비난하기보다는 잘못된 점에 대해 명확하고 분명하게 알려준다면 학생들의 행동도 변화할 것이라 생각합니다.

인터넷 중독, 스마트폰 중독, 게임 중독 학생

6 학생A의 부모님으로부터 전화 상담이 들어왔습니다. 운동하는 걸 좋아했던 학생A가 밖에 나가지도 않고 온종일 컴퓨터 앞에만 앉아 있고, 가족들과 밥을 먹을 때도 나타나지 않거나 빠르게 밥만 먹고 사라져 버리는 경우가 많아 학부모님의 걱정이 많습니다. 다른 교과선생님과 이야기를 나누어보니 최근 수업에도 잘 집중하지 못하거나 조는 일이 많다고 합니다. 학부모님 상담을 진행하려 할 때 어떻게 진행해야 할지 말해보시오.

답안1

저는 다음과 같은 3단계로 학부모 상담을 진행하겠습니다.

첫째, 먼저 학부모님께 공감을 하겠습니다. 힘드셨을 텐데 먼저 이렇게 전화해주셔서 감사한 마음을 전하고 가지고 계신 어려움에 대해서 듣도록 하겠습니다. 또한 어떤 점들을 걱정하고 계신지 듣고 전문성 있는 자문을 하는 데 활용하도록 하겠습니다.

둘째, 학교 상담실에서 제공할 수 있는 도움에 대해서 안내하겠습니다. 부모님이 괜찮으시다면 학생A와 만나서 이야기를 나누고 싶다고 말씀드리며 필요하다면 학생A와 함께 중독에 대한 상담을 진행할 수 있음을 알려드리겠습니다. 학생과 면담 이후 학생에게 더 도움이 필요하다고 판단되면 공문들을 살펴보고 외부센터와도 협력하여 학생이 필요한 도움을 받을 수 있도록 돕겠습니다.

셋째, 가정에서 학생A에게 제공할 수 있는 도움에 대해서 자문하겠습니다. 학생의 변화를 위해서는 학생-학교-가정의 삼주체의 노력이 반드시 필요하다고 생각합니다. 학생A가 건강한 생활로 돌아올 수 있도록 가정에서의 규칙 정하기, 부모님과 함께 대체활동하기 등 학부모님이 부담을 가지지 않도록 말에는 조심을 하며 학생에게 어떠한 대처들이 가정에서 필요할지 전문성 있는 자문을 해드리겠습니다. 예를 들어 컴퓨터를 하고 싶은 충동이 들 때는 부모님과 함께 집주변 산책하기를 진행하는 등 전두엽이 활성화되어 중독을 이겨내는 것에 도움이 되는 활동을 하도록 자문하겠습니다. 또한 학생이 성공적으로 충동을 잘 이겨냈을 때는 학생의 노력과 변화에 대해 학생이 느낄 수 있도록 부모님의 충분한 지지와 격려가 필요하다는 것을 알려드리겠습니다.

저는 이렇게 3가지 방안으로 학부모님 상담을 진행하여 공교육 안에서 학생이 충분히 도움을 받을 수 있도록 하여 공교육에 대한 신뢰를 지켜나가고 향후에도 학생들에게 도움이 필요할 때 언제든지 학교가 적극적으로 도울 수 있음을 보여드리겠습니다.

답안 1의 Tip

학부모님들이 먼저 전화 상담을 요청했을 때에는 학생에 대한 걱정과 불안이 굉장히 큰 상태인 경우들이 있습니다. 이럴 때 전문성이 있는 답변 그리고 실질적이고 구체적인 대안들을 제시해주는 것이 중요하다고 생각합니다.

> 답안 2

저는 다음 사항을 고려해서 학부모님과 상담하겠습니다.

첫째, 학부모님의 마음을 이해하고 힘든 상황을 공감하겠습니다. 학생이 가족들과 상호작용을 하지 않고 있으며 컴퓨터에 대한 문제뿐만 아니라 수업에도 집중하지 못하는 모습을 보이고 있습니다. 이로 인해 가족 간의 갈등이 생길 가능성이 크고 부모님께서는 자녀에 대한 고민을 정말 많이 하고 계실 것입니다. 부모님의 입장에서 힘든 점을 듣고 공감하여 신뢰를 구축하는 것이 중요할 것입니다. 부모님은 학생에게 정말 중요한 존재입니다. 부모님과 협력하여 학생의 문제를 함께 해결하려는 접근을 하겠습니다.

둘째, 부모님께 학생이 학교에서 상담을 받을 수 있도록 권유 드리겠습니다. 학생이 컴퓨터에만 몰두하고 대화를 하지 않고 학습의 의욕이 떨어진 데는 이유가 있을 것입니다. 상담을 통해 학생의 생활 패턴을 알아보고 감정 상태와 학습 상황에 대한 어려움을 찾아보겠습니다. 가정뿐 아니라 학교에서도 어려움을 겪고 있기 때문에 학생 또한 많이 지쳐있을 것입니다. 학생의 마음을 보듬어 줄 필요가 있습니다.

셋째, 학생의 문제 상황에 대해 전문적인 도움이 필요하다고 판단되면 전문기관과 연계하겠습니다. 컴퓨터, 인터넷 중독과 관련된 문제일 경우 한국지능정보사회진흥원 스마트쉼센터, 인터넷중독예방상담센터(아이윌센터)와 같은 전문기관의 도움을 받게 하겠습니다. 복합적인 문제일 경우에 교육청 소속 센터나 청소년 상담센터와 협력하여 학생의 치료를 도울 수 있도록 하겠습니다.

답안 2의 Tip

학부모가 전화한 상황에서 먼저 힘든 점을 공감한 후 방법을 제안 드리는 것이 좋습니다. 아이의 문제를 의논할 경우 학부모님은 그 전부터 오랫동안 많은 걱정과 고민을 하셨을 것입니다. 문제 상황이 나타나면 본인의 잘못은 아닐까 죄책감을 느끼기도 합니다. 이러한 마음을 먼저 공감하는 것이 가장 중요한 것 같습니다.

7 학생이 인터넷과 게임에 많은 시간을 할애하면서 게임에서 사용하던 폭력적인 언어들을 학교와 가정에서도 사용하며 가정에서 부모님과의 갈등이 있을 뿐 아니라 학교에서는 여러 선생님들과의 갈등이 생기고 있습니다. 이 상황에서 학생에게 어떤 도움을 줄 수 있을지 인지적 측면에서 제시해보시오.

답안 1

4차 산업시대에 나 아닌 다른 사람들 그리고 나를 둘러싼 환경과 조화롭게 지내는 공동체 역량은 굉장히 중요합니다. 현재 문제에서 보여주는 것처럼 학생이 게임에서 사용하던 폭력적인 언어들로 가정과 학교에서 갈등이 발생하고 있는 경우, 학생에게는 공동체에서 타인들과 함께 지낼 수 있도록 의사소통의 중요성에 대해서 알려주고 올바른 의사소통을 하는 방법에 대해서 알려주는 것이 중요하다고 생각합니다. 이를 위해 저는 상담교사로서 3가지 인지적 측면에서의 도움을 제공하겠습니다.

첫째, 비슷한 어려움을 겪고 있는 학생들과 함께 집단상담을 진행하여 언어습관과 의사소통에 대한 학생의 생각을 바꾸겠습니다. 언어습관의 경우 다른 사람들과 실제로 말을 주고받는 의사소통의 과정에서 배우고 깨닫는 것이 많다고 생각합니다. 저는 비슷한 어려움을 가지고 있는 학생들이 서로 변화에 동기를 가지고 습관화된 폭력적인 언어습관을 극복할 수 있도록 서로 지지하는 역할을 하도록 하겠습니다. 집단상담의 역동을 활용하여 따뜻하고 배려심 있는 말 한마디가 왜 중요한지 그리고 자신의 말에는 큰 힘이 담겨있다는 것을 알려주겠습니다.

둘째, 학생과 '나의 언어습관 체크리스트'를 작성하여 자신이 어떤 언어로 주변 사람들과 대화를 하고 있는지 객관적으로 성찰하여 변화할 수 있도록 하겠습니다. 이렇게 체크리스트를 작성했을 때 객관적으로 자신을 되돌아볼 수 있을 뿐만 아니라 상담교사가 학생이 적어온 체크리스트를 통해 학교 밖에서의 언어생활에 대해서도 피드백을 제공할 수 있기 때문에 학생의 생활에 전반적인 변화가 일어날 수 있다고 생각합니다.

셋째, 자기주장훈련을 통해 올바른 의사소통법을 지도하겠습니다. 자기주장훈련을 통해 남에게 상처주지 않고 자신의 요구와 권리를 관철하는 의사소통 방법을 익힐 수 있도록 하겠습니다. 단순히 지식만 전달하는 것이 아니라 상담시간에 직접 사용해보고 계속 피드백을 해주며 학생이 일상생활에서도 사용할 수 있을 만큼 지속적인 변화가 나타나도록 하겠습니다.

답안 1의 Tip

이번 문제는 인지적인 측면으로 답변에 제한을 두었습니다. 실제 현장에서 자유롭게 답변 가능한 문제보다 이렇게 제한적인 답변을 요구하는 문제를 만나면 참 당황스럽습니다. 똑같은 케이스의 문제도 미리 여러 가지 측면에서 살펴보고 방안을 생각해두는 것이 좋습니다. 비슷한 답변인 것 같아도 좀 더 구체적으로 설명하는 것을 통해서 서로 다른 답변으로 만들 수 있습니다.

> 답안 2

　폭력적 언어사용과 인터넷 사용시간에 따른 가정과 학교에서의 갈등이 일어나고 있습니다. 인지적 측면에서 학생에게 다음과 같은 도움을 제공하겠습니다.

　첫째, 기대 행동 생각지도 그리기 활동을 해보겠습니다. 학생의 인터넷 사용시간 증가 및 폭력적 언어사용과 관련하여 여러 사람들과 갈등이 나타나고 있습니다. 이 활동은 나의 기대 행동을 먼저 써보고 타인이 기대하는 나의 기대 행동을 써보아 이를 지도로 나타내 보는 것입니다. 이것을 통해 막연하게 생각했던 욕구들을 시각화할 수 있고 타인을 이해하게 될 것이라 생각합니다.

　둘째, 학생의 일주일 언어사용 패턴을 탐구해보겠습니다. 학생들이 자신의 행동이나 언어에 지적을 받게 되면 억울하게 생각하기도 하고 자신이 고치고 싶어도 어떻게 고쳐야 하는지 모르는 경우가 많습니다. 언어사용 수첩을 주어 자신의 하루 언어 습관을 메모해보면서 폭력적인 언어를 얼마나 사용했는지, 어떤 언어를 사용하는지 적어보면서 패턴을 객관적으로 파악해보겠습니다.

　셋째, 학생과 함께 폭력적 언어와 인터넷 사용습관을 바꿔보는 상담을 진행하겠습니다. 학생은 어쩌면 한 번도 폭력적인 언어에 대해 진지하게 생각해보지 않고 사용했을 수 있습니다. 학생이 쓰고 있는 폭력적 언어에 대한 느낌을 탐구해보고, 이 말을 들었을 때 감정 등을 생각해보는 기회를 주겠습니다. 이를 통해 스스로 폭력적 언어에서 올바른 언어로 바꿀 수 있도록 촉진하겠습니다. 또한 학생이 인터넷 사용시간에 대해 어떻게 생각하는지 얘기해보고, 장기간 사용하여 일상생활에 문제가 발생한다면 스스로 시간을 줄일 수 있는 계획을 세워보게 하고 실천하는 것을 도와주겠습니다.

최근 청소년들이 정해진 게임시간이 지나면 게임을 강제로 하지 못하게 하는 게임 셧다운제가 폐지되었는데, 이는 청소년들의 자율성을 존중하기 위해서입니다. 청소년들에게 무조건적인 제한보다는 자율적으로 사고하고 자신이 결정할 수 있는 자기결정성을 높여줄 수 있는 방법을 고려해 자신의 행동을 스스로 생각하고 결정하도록 지지해주는 상담을 진행하는 것이 중요하다고 생각합니다.

답안 2의 Tip

인지적 접근을 물어보는 문제였기 때문에 인지행동적 치료로 접근하면 좋겠습니다. 학생이 스스로 부적응적인 생각에 대해 탐색해보고, 스스로 변화할 수 있도록 방법을 상세하게 알려주는 것을 생각해보았습니다.

8 학생들이 최근 유튜브, 게임에 대한 관심이 높아지면서, 진로에 있어서도 유튜브 크리에이터나 프로게이머가 되고 싶다는 학생들이 많아지고 있습니다. 이런 상황에서 학생들이 학교 공부는 도움이 되지 않는다며 학교에서도 유튜브 콘텐츠를 만들거나 게임만 하겠다고 하며 자신의 진로는 이미 결정했다고 했을 때, 어떻게 학생과 상담할 수 있을지 말해 보시오.

> 답안 1

상담교사로서 다음과 같이 3단계로 학생상담을 진행하겠습니다.

첫째, 학생의 말에 공감하고 학생의 입장에서 생각해보겠습니다. 학생은 자신의 말을 진심으로 들어주는 사람을 만났을 때 마음을 연다고 생각합니다. 또 학생이 어린 나이임에도 불구하고 이렇게 자신의 흥미를 찾고, 진로에 대해 계획하는 것은 굉장히 어려운 일이라고 생각합니다. 따라서 학생이 진로를 달성하고자 학교의 수업을 무조건 등한시하는 것은 바람직하지 않으나 학생이 자신의 흥미와 진로를 찾은 것에 대해서 칭찬하도록 하겠습니다. 이를 통해서 교사는 학생을 좀 더 이해하고 학생은 교사를 더 신뢰할 수 있게 된다고 생각합니다.

둘째, 학생 앞에 놓인 다양한 선택지와 학교의 학업에 대한 의미를 알려주겠습니다. 선택은 학생의 몫이지만 진로를 선택하는 그 과정에서 교사는 학생이 후회가 없도록 그 앞에 놓인 다양한 선택지를 알려주어야 한다고 생각합니다. 학생 앞에 펼쳐진 다양한 선택지 중에 왜 학교 공부는 제외시키는 게 맞다고 생각했는지, 오히려 학교에서는 열심히 학업에 집중하고 여가시간을 활용해서 게임과 유튜브 콘텐츠를 만들었을 때 어떤 좋은 점이 있는지를 알려주겠습니다. 또한 학교에서 학업이 단순한 공부를 의미하는 것이 아니라 수업을 들으며 지식을 쌓고 때로는 학급 친구들과 함께 힘을 합쳐 문제를 해결하는 모둠활동을 하며, 앞으로 성장하여 살게 될

이 세상의 지혜와 규칙 그리고 방안들을 배워나가는 과정이고 이 것은 학생이 어떤 진로를 선택하든 유의미한 가치를 가지고 있다는 것을 알려주겠습니다.

셋째, 학생에 대한 진정성 있는 관심과 열정을 적극적으로 표현하겠습니다. 학생의 작은 변화에도 관심을 가지고 함께 기뻐하며 학교가 자신의 진로를 방해하는 공간이 아닌 자신을 진심으로 걱정하고 생각하는 사람들이 있는 소속감을 느낄 수 있는 공간 그리고 자신을 더 발전시킬 수 있는 공간으로 인식할 수 있도록 하겠습니다.

답안 1의 Tip

인생에는 수많은 갈림길이 있습니다. 타임머신이 있다면 짧게나마 다녀오고 결정을 하면 될 텐데 현실은 그렇지 않습니다. 그래서 교사는 학생들이 자신의 미래를 내다볼 수 있도록 망원경을 제시해야 합니다. 선택은 학생의 몫이지만 그 과정에서 후회가 없도록 교사는 학생 앞에 놓인 다양한 선택지에 대해서 알려주고 같이 고민을 해주어야 합니다.

> 답안 2

　최근 유튜브와 게임에 관심을 갖는 학생들이 많아졌고 그에 따라 유튜브 크리에이터나 프로게이머를 진로로 생각하는 학생들도 있습니다. 저는 이런 학생들에게 다음과 같이 상담을 진행하겠습니다.

　첫째, 학생의 강점을 봐주겠습니다. 학생이 학교에서도 게임만 하겠다고 하는 것을 보아 선생님, 부모님과의 갈등도 있었을 것입니다. 학생에게는 컴퓨터가 자신의 진로와 관련된 아주 중요한 매체인데 인정받지 못해 속상한 감정을 가지고 있을 가능성이 높습니다. 학생의 능력에 대해 칭찬을 해주고 인정해주는 것이 필요하겠습니다. 학생이 만든 유튜브 영상에 관심을 가져주고 장점에 대해 칭찬해준다면 학생도 마음을 열게 될 것이라고 생각합니다.

　둘째, 진로검사를 통해 학생의 성격 유형, 적성, 진로 가치를 찾아보겠습니다. 학생이 현재 컴퓨터와 관련된 진로에 관심을 갖고 있는데, 이 진로 선택이 학생의 성격과 적성에 맞는지 그리고 학생이 지향하는 진로 가치에 적합한지 객관적으로 살펴볼 필요가 있다고 생각합니다. 학생들이 진로검사를 통해서 자기 이해를 하게 하고, 새로운 역량을 발견하고 개발할 수 있도록 하겠습니다.

　셋째, 진로 카드를 이용한 직업세계에 대한 탐색 기회를 마련하겠습니다. 학생들은 미래의 직업을 선택하기 위해서 더 넓은 시야를 가지고 다양한 직업세계에 대한 이해 및 탐색하는 것이 중요하다고 생각합니다. 학생이 컴퓨터를 좋아하는 강점을 가지고 있으므로 이와 관련된 다양한 직업이 존재한다는 것을 알려주어야 합니다. 또한 다양한 직업에 열린 마음으로 다가가 앞으로 어떤 능력을 갖추어야 하는지 함께 탐구해보면서 학생이 유튜브와 게임뿐만 아니라 학습에도 흥미를 가질 수 있도록 이끌겠습니다.

답안 2의 Tip

심리검사를 하면 학생들이 매우 흥미를 갖고 자신을 탐구하기 시작합니다. 컴퓨터에만 관심을 갖는 학생도 검사를 통해 객관적으로 자신을 바라볼 수 있고, '다양한 직업 세계를 탐구해봐야겠다.'는 생각을 하게 되는 것 같습니다. 하나에 몰두하는 학생들에게 다양한 세계가 있다는 것을 보여주는 것은 중요하다고 생각합니다.

9 최근에 학급의 한 학생이 온라인 랜덤채팅에 빠져서 하루에 6시간 정도 할애하고 있다는 말을 들었습니다. 교사로서 어떻게 도움을 제공할 수 있을지 3가지 방안을 말해보시오.

답안 1

랜덤채팅 자체가 무조건 나쁘다고 볼 수는 없으나 하루 6시간을 할애하고 있는 점과 랜덤채팅이 청소년 범죄에 사용될 수 있다는 점에서 학생에게는 도움이 필요하다고 생각됩니다. 저는 상담교사로서 학생에게 다음과 같은 3가지 도움을 제공하겠습니다.

첫째, 랜덤채팅에 빠지게 된 경위 파악, 학생에게 현재 어떤 도움이 필요한지 파악하고 적절한 도움을 주겠습니다. 혹시 학생에게 말 못할 고민이 있어 랜덤채팅을 하게 되었다면 상담실 이용과 고민이 있을 때 언제 어디서나 활용할 수 있는 교육부 '다들어줄개' 앱을 활용하도록 하겠습니다. 또한 휴대전화 인증, 대화 저장, 신고 기능을 갖추지 않은 랜덤채팅은 청소년 유해매체물로서 청소년의 이용이 금지됩니다. 이에 따라 학생의 이야기를 듣고 안전하지 않은 랜덤채팅 또는 학생이 안전하지 않은 상태라는 파악이 된다면 즉각적으로 조치할 수 있도록 하겠습니다.

둘째, 온라인 그루밍에 대한 교육을 실시하겠습니다. 랜덤채팅에서 청소년을 대상으로 하는 범죄들이 늘어나고 있습니다. 특히 코로나가 장기화됨에 따라서 아동을 대상으로 하는 온라인 그루밍이 심각해지고 있다고 합니다. 이에 따라 학생이 안전할 수 있도록 온라인 그루밍에 대해 교육하겠습니다. 혹시 학생뿐만 아니라 학급 또는 학년에서 랜덤채팅이 많이 유행하는 추세라면 학급 단위의 온라인 그루밍 예방교육도 실시하겠습니다.

셋째, 적절한 인터넷, 스마트폰 사용을 위해 학생과 함께 인터넷, 스마트폰 시간표를 작성하여 올바른 인터넷, 스마트폰 활용을 할 수 있도록 돕겠습니다. 꾸준히 학생의 인터넷, 스마트폰 사용을 점검하고 학생에게 피드백을 제공하여 학생이 적절한 사용시간을 준수할 수 있도록 지도하겠습니다.

이렇게 3가지 방법을 통해서 코로나 상황에서도 우리 학생이 정서적으로도 안전하게 생활하도록 상담교사로서 돕겠습니다.

답안 1의 Tip

랜덤채팅에 대한 청소년 이용 문제는 이전부터 대두되어 왔습니다. 우리 학생들은 코로나가 장기화되며 온라인 범죄에 더욱 취약해졌습니다. 그리고 스마트폰, 인터넷 중독이 점점 심각한 사회문제로 나타나고 있는 지금 우리 교사들이 어떻게 학생들을 보호하고 교육할지 고민할 필요가 있습니다.

> 답안 2

저는 학생과 개별상담을 통해 다음과 같은 접근을 하겠습니다.

첫째, 학생이 랜덤채팅을 하게 된 이유를 파악하겠습니다. 학생이 집에 혼자 있는 시간이 많은지, 친구가 없어서 사이버상에서 누군가와 대화를 하고 싶은 것은 아닌지, 학생의 감정 상태는 어떠한지, 학업 스트레스가 있는지 사회적 요인과 심리적 요인을 다각적으로 보려고 노력하겠습니다. 랜덤채팅에 빠지게 된 원인을 먼저 파악하여 그에 맞추어 상담을 진행하겠습니다.

둘째, 사이버 범죄에 노출될 위험이 있으므로 학생에게 인터넷 사용에 대한 조절과 올바른 인터넷 사용 방법에 대한 상담이 필요합니다. 랜덤채팅의 경우 모르는 사람과 채팅을 하면서 청소년에게 유해한 콘텐츠에 노출되기 쉽고, 성범죄, 개인정보 노출에 이용되기도 합니다. 따라서 상담을 통해 학생에게 올바른 인터넷 사용법을 알려주고 학생을 보호하겠습니다.

셋째, 인터넷 과다 사용을 조절하기 위해서는 학부모님께 가정에서 자녀를 도울 수 있는 방법을 제시하여 협력을 하는 것이 필요합니다. 가정에서 컴퓨터 대신 할 수 있는 보드게임, 여행, 운동 등을 찾아보고 아동과 함께 실천하는 것이 중요합니다. 학부모님이 인터넷을 갑작스럽게 단절하는 것보다는 학생이 적절한 사용 방법을 익히고 조절할 수 있도록 돕는 것이 좋습니다. 또한 그 과정 속에서 나타나는 작은 변화에 공감과 칭찬을 제시하는 것이 중요합니다.

답안 2의 Tip

최근에 학생들의 온라인 사용이 많아지면서 청소년에게 적합하지 않은 콘텐츠에 노출되기 쉽습니다. 사이버 범죄 예방을 위한 교육과 상담을 통해서 학생들에게 정보를 제공하고 스스로 사용시간을 조절할 수 있도록 도와야 합니다. 학생의 신체적, 정서적, 행동적 변화가 있다면 인터넷 사용과 어떻게 관련이 있는지 꼭 살펴보아야 합니다.

학습, 교육격차

10 매번 수업시간을 힘들어하며 따라오지 못하는 학생이 있습니다. 이번에 진단평가에서도 기초학력 미달로 나와 보충학습도 하고 있지만 갈수록 학습에 흥미를 잃어가는 것 같습니다. 담임교사로서 학생에게 어떤 도움을 줄 수 있을지 학생의 성장의 측면에서 말해보시오(학습 동기).

> 답안 1

학생이 보충학습에 참여하고 있는 것을 보아 아예 학습 의지가 없다고는 보이지 않습니다. 지속된 실패를 겪었을 때 우리는 학습된 무력감을 느끼게 되는데 학생에게도 무력감이 나타난 것이 아닌가 생각이 됩니다. 이런 무력감으로부터 탈출하여 장기적인 마라톤으로 학습을 바라볼 수 있도록 하기 위해 학습 자체에 대한 내면의 동기를 가지도록 그리고 결과가 아닌 자신의 노력에 그 의의를 둘 수 있도록 학생을 성장시켜야 한다고 생각합니다. 저는 이를 위해 상담교사로서 다음과 같은 3가지 도움을 제공하겠습니다.

첫째, 학업동기검사(AMT)를 실시하여 학습에 대한 동기를 바로 세우겠습니다. 학생이 학습에 흥미를 잃어가는 원인을 파악하고 학습에 대한 동기를 향상시켜 다시 학습에 의미를 찾을 수 있도록 학생의 내면을 성장시키겠습니다.

둘째, 자기주도성을 강화하는 집단상담 프로그램을 운영하여 학습에 대해 장기적으로 바라볼 수 있도록 하겠습니다. '빨리 가려면 혼자 가고, 멀리 가려면 함께 가라'라는 속담이 있습니다. 저는 심리학과를 졸업하여 집단상담을 경험할 기회가 종종 있었습니다. 집단상담에서 느낀 소속감과 지지만으로도 집단원들이 변화에 대한 힘을 얻고 이것이 실제로 긍정적인 변화로 이어지는 것을 많이 보았습니다. 저는 학생이 앞으로도 학습에 동기를 가지고 잘 해나갈 수 있도록 집단상담을 통해 학생을 성장시키겠습니다. 또한 힘들지만 작은 성취가 모여서 변화를 만들어내고 이 변화들이 모이면 성장이 된다는 것을 학생에게 알려주겠습니다.

셋째, 결과가 아닌 과정에서 만족을 느낄 수 있도록 지도하겠습니다. 학생의 점수가 5점이 올랐다면 숫자가 아니라도 그 안에 담긴 학생 자신의 노력과 과정을 통해 만족을 느낄 수 있도록 하겠습니다.

이를 통하여 저는 상담교사로서 학생 내면의 성장을 이루어내어 지금 당장 성과가 나오지 않더라도 누군가에 의해서가 아닌 자기주도성을 가지고 자신의 목표를 위해 노력할 수 있는 학생으로 성장할 수 있도록 돕겠습니다.

답안 1의 Tip

학생의 성장의 측면에서 답하라니 훨씬 어렵게 느껴집니다. 사실 이럴 때에도 물어보는 것은 학습 동기가 낮은 학생에 대한 대처 방안과 그 의미가 동일하다고 생각합니다. 다만 학생의 성장의 측면에 어떤 도움이 되는지를 더욱 풀어서 설명하면 됩니다. 저는 학부 때 경험했던 집단상담에 대한 이야기를 넣었습니다. 평범해 보이는 답변도 나만의 경험을 담은 이야기를 하면 훨씬 풍부한 답변처럼 느껴집니다. 답변이 조금 밋밋하다는 생각이 들 때는 나의 경험을 넣어 답변으로 만들 수 있습니다.

> 답안 2

학생의 성장의 측면에서 학습 동기를 향상시킬 수 있는 도움을 다음과 같이 제공하겠습니다.

첫째, 학습에 대한 흥미를 가질 수 있도록 돕겠습니다. 흥미가 없으면 학습을 지속하기 힘들고 그로 인한 실패와 좌절이 쌓여 자존감에도 부정적인 영향을 주게 됩니다. 학생이 좋아하는 것과 학습을 연관시켜 제시해보겠습니다. 학생이 신체를 이용하는 것을 보다 더 선호한다면 자신의 몸을 사용하는 게임이나 손가락을 움직이는 활동 등을 엮어서 수업을 구성하겠습니다.

둘째, 작은 성공을 경험할 수 있도록 하겠습니다. 학생의 경우 학습에 어려움이 있어 보충학습도 하고 있습니다. 한 번에 성장이 이루어질 수는 없습니다. 작은 부분이라도 학생이 잘 해낸 부분에 대해 칭찬을 해주고, 다음 단계로 나아갈 수 있도록 격려를 해주어야 합니다. 배움이 느린 학생의 경우에는 자신은 뭘 해도 잘 하지 못한다는 생각을 많이 합니다. 배움의 과정을 보게 하면서 난이도가 쉬운 과제부터 성공할 수 있도록 돕는다면 학생도 점차적으로 자신감을 갖게 될 것입니다.

셋째, 학습에 있어서 또래의 도움으로 성장이 이루어질 수 있도록 하겠습니다. 또래는 많은 공통점을 가지고 있습니다. 반 학생들에게 2명씩 짝을 이루어 멘토-멘티를 정해주고, 모두가 함께 가르쳐주고, 배울 수 있는 분위기를 만들어주겠습니다. 서로 친밀한 관계에 있는 또래에게는 선생님보다 더 편안하게 학습에 대해 나눌 수 있고, 자연스러운 상호작용이 가능한 장점이 있습니다. 이를 통해 학습에 대한 동기와 흥미를 가질 수 있도록 하겠습니다.

답안 2의 Tip

기초학력 미달 학생의 경우 오랫동안 누적된 학습 결손이 있을 것입니다. 그렇기 때문에 학습에 흥미를 잃게 되고 무력함을 느끼기도 합니다. 먼저 학습에 흥미를 가질 수 있도록 도움을 제공할 수 있는 방법을 생각해보면 좋을 것 같습니다.

11

학생A는 수학 성적은 우수하지만 국어를 유독 힘들어합니다. 처음에는 열심히 해보려 노력하는 모습을 많이 보였지만 성적이 향상되지 않으면서 점점 자존감도 떨어지는 것 같아 보입니다. 학생A에게 어떤 도움을 줄 수 있을지 정서적 측면에서 대답해보시오(자존감).

답안 1

앞으로 학생들이 결국 이겨내야 하는 것은 타인이 아니라 자기 자신의 무게입니다. 저는 성적이 오르지 않는다고 할지라도 과정에서 학생이 자신의 한계에 도전하는 노력에 만족하고 행복해 할 수 있는 학교를 만들고 싶습니다. 따라서 저는 상담교사로서 학생 각자가 자신의 강점을 알고 긍정적으로 자신을 바라보도록 다음과 같은 3가지 정서적인 측면에서의 도움을 학생에게 제공하겠습니다.

첫째, 가족과 친구들에게 칭찬 롤링페이퍼 받아오기를 통해 자신은 지금 있는 그대로라도 굉장히 소중한 존재라는 것을 알려주겠습니다. 성적은 자신의 일부분일 뿐 학생 자신을 규정할 수 없다는 것, 성적이 좋든 나쁘든 학생 자신은 사랑받을 가치가 충분히 넘치고 굉장히 소중한 존재임을 주변 사람들에게 칭찬 롤링페이퍼 받기를 통해 자연스럽게 느낄 수 있도록 하겠습니다.

둘째, 긍정적으로 자신 바라보기 활동을 하겠습니다. 누구나 잘하는 것과 못하는 것이 있습니다. 우리 학생 또한 국어를 힘들어하고 있지만 수학 성적은 우수합니다. 학생이 자신의 부족한 점으로 자신을 정의하는 것이 아니라 자신의 강점 또한 충분히 이해하고 전반적인 자신을 긍정적으로 바라볼 수 있도록 하겠습니다.

셋째, 학생에게 일상생활 속의 소소한 행복들을 느낄 수 있는 감사일기 쓰기 활동을 하겠습니다. 사람은 자신에게 없는 것에 대해서는 민감하게 알아차리지만 자신이 가지고 있는 것에 대해서는 잘 눈치채지 못합니다. 그래서 행복해질 기회를 스스로 놓치기도 합니다. 저는 감사일기를 통해 학생이 자신의 일상생활 속에 있는 기쁨들, 소중한 것들을 다시 한번 되돌아 보도록 하겠습니다.

일등주의인 학교에서는 일등을 제외하고는 모두 슬퍼지기 마련입니다. 이런 학교에서는 일등을 한다고 할지라도 끝이 없는 경쟁 속에서 마음의 병을 가지게 되고 결국 아무도 행복하다고 할 수 없는 상황이 됩니다. 교육에는 승리나 실패가 없다고 생각합니다. 저는 모두가 행복한 학교를 만들기 위해 노력하는 교사가 되겠습니다.

답안 1의 Tip

일등을 하는 것이 목표가 아니라 유일한 자신이 되기 위해서 노력하게 하고, 그 결과에서 소위 성공이라고 부를 수 있는 결과가 나오지 않는다고 할지라도 학생들이 자기 자신에게 도전해 나가는 과정에서 성장함을 통해 행복을 느낄 수 있게 된다면 좋겠다는 저의 교직관을 담아서 답변했습니다. 이런 정서적인 측면에서 도움을 주는 문제는 다양한 답변이 존재하므로 선생님의 평소의 생각과 교직관을 담아서 답변하는 것이 좋을 것 같습니다.

> 답안 2

학생A에게 정서적 측면에서 다음과 같은 도움을 제공하겠습니다.

첫째, 학생의 속마음을 공감해주겠습니다. 상담을 해보면 아이들은 교사로부터 어떤 해결책을 제시받기보다 이야기를 들려주고 이해받고 싶어 합니다. 누군가가 자신의 문제에 대해 함께 깊게 고민해주고 지지해주는 것만으로도 힘을 얻게 된다고 생각합니다. 학생이 열심히 노력한 부분에 대한 칭찬과 지지를 보여주고 그럼에도 불구하고 성적이 빨리 향상되지 않는 것에 대해 "많이 힘들었겠다. 선생님도 예전에 그런 경험이 있었어. 네가 얼마나 속상했을지 생각하니 마음이 아프다."라고 공감해준다면 학생에게 많은 힘이 될 것입니다.

둘째, 강점에 기반을 둔 상담을 진행하겠습니다. 학생의 경우 수학 성적은 우수하다는 장점이 있습니다. 노력을 많이 했다는 부분도 큰 장점입니다. 이처럼 상담을 하면서 학생만의 독특한 장점을 찾아주고 학생이 가지고 있는 자원들을 발견해가는 과정을 통해서 학생이 좌절을 딛고 회복할 수 있는 힘을 길러주겠습니다.

셋째, 자아존중감을 높일 수 있도록 돕겠습니다. 자아존중감이란 자기의 가치를 알고 자신을 사랑할 수 있는 능력을 의미합니다. 가치카드, 자존감 보드게임, 격려 프로그램, 놀이치료 등을 이용해서 학생이 자신을 돌아보고 긍정적으로 생각할 수 있도록 하겠습니다. 살다 보면 누구나 장애물을 만나게 됩니다. 특히 학업에 있어서는 누구나 매 순간 고민과 좌절을 겪습니다. 실수를 하더라도 다시 일어설 수 있고, 새로운 것에 도전할 수 있는 힘을 길러주는 것이 중요하다고 생각합니다.

🏫 **답안 2의 Tip**

학생들의 걱정 중에는 학업이 굉장히 많은 부분을 차지합니다. 우울, 불안, 학교 부적응 등의 정신건강 문제의 뿌리가 학습에 있는 경우가 많습니다. 학생과 상담할 때 학생이 성공보다는 성장으로 나아갈 수 있도록 고유한 장점을 찾아주고, 단단한 내면을 가질 수 있도록 도와주는 것이 중요합니다.

12 코로나19로 인한 원격수업이 지속됨에 따라 학생들의 교육격차가 심화되고 있습니다. 원래 기초학력이 부족하였던 학생A는 코로나19로 전면 온라인 수업이 되며 더욱 학교 수업에 대한 이해가 어렵고, 혼자 해결해야 할 과제가 너무 벅차게 느껴집니다. 이런 학생에게 어떻게 도움을 제공할 수 있는지 3가지 방법을 제시해보시오(온라인 학습격차).

답안 1

　코로나19로 인해 교사와 상호작용하며 섬세한 지도를 받는 것이 대면보다 어려워져 학생들의 학업에 대한 스트레스가 늘어나고 있습니다. 학생A도 코로나19로 전면 온라인 수업이 진행되면서 혼자 해결해야 할 과제에 벅차하며 많은 스트레스를 받고 있는 것으로 보입니다. 저는 상담교사로서 코로나19 상황에서 학습을 도와주고 마음방역을 하기 위해 학생A에게 다음과 같은 3가지 도움을 제공하겠습니다.

　첫째, 메타인지를 높여줄 수 있는 계획표, 체크리스트 짜기 활동을 온라인으로 진행하겠습니다. 메타인지는 코로나19와 같은 상황에서 자율성을 가지고 자기주도 학습을 하는 데 핵심적인 역량입니다. 또한 자신의 힘듦을 알아주고 공감해주는 교사가 옆에 있다는 것만으로도 학생들은 큰 힘을 받습니다. 저는 상담교사로서 학생A가 스스로 해결해야 하는 것을 벅차하지 않도록 함께 메타인지를 높여줄 수 있는 계획표 짜기, 체크리스트 짜기 활동을 온라인으로 진행하겠습니다. 이를 통해서 학생A가 어떤 부분을 힘들어하는지 지켜보고 혼자서도 계획표를 짜고 달성하는 것을 목표로 삼고 적절한 도움을 주겠습니다.

　둘째, 온라인으로도 실시가 가능한 U&I학습유형검사를 활용하겠습니다. 학생A가 수업의 이해를 힘들어하고 과제를 벅차게 느끼는 것을 볼 때 아직 자신에게 맞는 공부 방법을 찾지 못했을 수도 있다고 생각합니다. 저는 U&I검사를 통하여 학생의 학습 유형을 파악하고 자신에게 맞는 학습 방법을 찾을 수 있도록 돕겠습니다. 또한 필요하다면 학생A와 학부모님의 동의를 받고 담임교사에게도 결과의 일부를 공유하여 학생A의 학습 지도에 도움이 되게끔 담임교사와 협력하겠습니다.

셋째, 코로나19 상황에서 마음방역을 위해 마음챙김 명상을 프로그램으로 운영하겠습니다. 학생A는 현재 학업에 대한 스트레스가 많은 것으로 보입니다. 현재 코로나19로 인해 바뀐 학습 환경으로 스트레스를 받는 학생들은 A말고도 더 있을 것이라고 생각합니다. 이런 학생들을 대상으로 우울과 불안을 해소시킬 수 있는 마음챙김 명상을 운영하여 마음 안정과 휴식을 제공하겠습니다. 또한 이런 학생들을 대상으로 온라인 상담실을 적극 홍보하고 도움을 받을 수 있도록 하겠습니다.

이를 통하여 장기화되는 코로나 상황에서도 학생들이 몸도 마음도 건강하게 지낼 수 있게 돕는 상담교사가 되겠습니다.

답안 1의 Tip

코로나가 장기화되면서 학업적·정서적으로도 힘든 아이들이 나타나고 있습니다. 교사는 이러한 상황에서 학생들을 어떻게 지켜나갈 것인지 고민이 필요합니다. 많은 수업들이 온라인으로 진행이 되며 걱정이 많아진 아이들에게 어떤 힘이 되어줄 수 있을지 자신만의 프로그램과 함께 답변을 준비한다면 더욱 인상적일 것 같습니다. 특히 온라인으로 어떤 매체를 활용하여 어떤 도움을 줄 수 있을지 고민해보면 좋을 것 같습니다. 저는 답변에서 학생과 보호자의 동의를 받고 필요하다면 담임교사에게 학습심리검사의 결과를 일부 공유하며 협력하겠다고 했는데 상담실 밖에서도 학생의 변화를 위해서는 상담교사, 담임교사 그리고 학부모가 서로 협력하는 것이 중요하다고 생각하기 때문입니다.

> 답안 2

원격수업으로 인해 학생들의 배움에도 격차가 심화되는 문제가 발생하고 있습니다. 학습격차로 인해 어려움을 겪는 아이들을 위해 다음과 같은 도움을 제공하겠습니다.

첫째, 개인상담 및 기초학력 진단검사를 실시하겠습니다. 상담과 검사를 통해 학습의 어려움의 정도, 원인을 파악하겠습니다. 또한 학습에 대한 이해가 어려움에 따라 오는 좌절감, 우울감 등을 느낄 학생의 정서를 어루만져 주겠습니다.

둘째, 3단계 기초학력/학습 안전망을 구축하여 도움을 제공하겠습니다. 우선 교실에서 학습에 어려움을 겪고 있는 학생을 발견하고 세심한 지도가 이루어질 수 있도록 하고, 학교 안 기초학력 다중지원팀에서 학생의 학습뿐 아니라 정서에 대한 안전망도 구축할 수 있도록 하겠습니다. 학교 밖 지역학습도움센터의 도움을 받아 개별 학생의 학습에 대한 프로그램, 자기주도 학습력 향상 등의 프로그램 운영이 이루어질 수 있도록 하겠습니다.

셋째, 맞춤형 온라인 방과후 수업을 개설하겠습니다. 등교를 할 수 없는 상황이 지속되면서 각자의 장소에서 배움을 지속하게 되었습니다. 온라인으로도 다양한 방과후 프로그램을 개설하여 학생들이 부족한 점에 대해서 보충할 수 있는 추가적인 도움을 제공할 수 있습니다. 각자 자신의 속도에 맞게 배울 수 있도록 기회를 주는 것이 중요하다고 생각합니다.

답안 2의 Tip

문제의 키워드로 원격수업, 기초학력 부족, 교육격차를 생각했습니다. 원격학습으로 인해 자기주도적 능력이 부족한 아이들은 학습에 있어서 큰 어려움을 겪게 되었습니다. 아이들이 컴퓨터 앞에서 수업을 듣고 과제를 업로드 하는 과정은 자율성이 필요한 것입니다. 어려움을 호소하는 아이들에게 상담과 학습 안전망 구축, 맞춤형 수업 등을 통한 세심한 도움이 필요합니다.

대인관계에 어려움이 있는 학생

13 한 학생이 상담실에 찾아와 친구를 사귀는 것이 너무 어렵다며 고민을 이야기합니다. 친구A에게 비밀 이야기를 했는데 그 비밀을 친구A가 다른 친구들에게 다 말하고 다녀서 친구A와 크게 다투고 절교를 하게 되었다고 합니다. 학생은 이 일이 너무 속상하다며 상담실을 찾아왔는데 학생에게 어떤 도움을 줄 수 있을지 말해보시오.

> 답안 1

　학교에서는 학생들 간의 크고 작은 다툼들이 일어납니다. 아무리 사소해 보인다고 할지라도 학생의 입장에서는 평생 겪어보지 못한 시련처럼 다가올 수 있다고 생각합니다. 따라서 저는 학생의 입장에서 생각해보는 것이 중요하다고 생각합니다. 이에 따라 학생에게 다음과 같은 3가지 도움을 주겠습니다.
　첫째, 학생의 입장에서 생각하고 공감하겠습니다. 학생이 상담실에서만큼은 마음 놓고 쉴 수 있도록 학생을 판단하려 하지 않겠습니다. 학생이 진정으로 자신의 이야기를 들어주는 공간이 학교 내부에 있다는 것을 느낄 수 있도록 하여 시간이 흘러 학생이 스스로 문제를 해결할 수 있을 때까지 버틸 수 있는 내면의 힘을 길러 주도록 하겠습니다.

둘째, 현재의 불 같은 감정을 해소시킬 수 있도록 빈 의자 기법을 활용하겠습니다. 학생은 친구A가 자신의 비밀을 말하고 다닌 것을 알게 되어 크게 다투고 절교를 했다고 합니다. 아직 학생이 속상함을 느끼며 상담실에 방문한 것으로 보아 감정의 해소가 충분히 이루어지지 않았다고 생각됩니다. 저는 학생이 느꼈던 슬픔, 분노들을 충분히 해소시켜 다음 단계로 나아갈 수 있도록 하겠습니다. 빈 의자 기법을 활용하여 친구A에게 더 하고 싶었던 말 또는 자신에게 해주고 싶었던 위로를 건네겠습니다.

셋째, 감정이 해소된 상태에서 앞으로 어떻게 하고 싶은지 함께 마음 살펴보기를 하겠습니다. 빈 의자 기법을 활용하여 감정을 해소시킨 다음 학생이 앞으로 어떻게 하고 싶은지 또 어떤 도움이 필요하다고 생각하는지 물어보고, 적합하고 필요하다고 생각되면 도움을 주겠습니다. 이 과정에서 학생은 힘든 상황에서 누군가에게 의지하고, 앞으로 동일한 문제가 발생했을 때도 언제나 다시 일어서는 방법을 배울 수 있다고 생각합니다.

저는 상담교사란 답을 제시해주는 존재보다는 가려져 보이지 않는 학생들의 마음속 길을 함께 찾아나가는 가이드라고 생각합니다. 따라서 다음과 같은 3가지 도움을 통하여 학생이 자신의 마음속 길을 찾아나갈 수 있도록 돕겠습니다.

답안 1의 Tip

해당 질문에 대한 답변은 다양하게 나올 수 있을 것 같습니다. 저는 다툼이 생겼을 때 학생들이 무조건 화해해야 한다고 생각하지 않습니다. 원하지 않는 강제된 용서나 화해는 상처로 남을 수도 있다고 생각하기 때문입니다. 중요한 것은 아이들이 자신의 마음을 잘 들여다보고 후회하지 않는 선택을 하는 것, 그리고 그 과정에서 학생들이 갈림길에 섰을 때 올바른 선택을 할 수 있도록 도와주는 것입니다. 답은 아이들 마음속에 이미 존재하고 있다고 생각합니다. 물론 지금 당장은 안보일 수 있지만 마음속을 들여다 볼 수 있도록 도와주는 게 상담교사인 저의 역할이 아닐까 합니다.

> 답안 2

학생들이 친구관계에 어려움을 호소했을 때 저는 다음과 같이 도움을 주겠습니다.

첫째, ==속상한 마음에 대해서 공감해주겠습니다.== 학생은 비밀 이야기가 공개된 것에 대해 속상하고 화가 난 상황에서 위로받고, 공감받고 싶은 마음으로 상담실 문을 두드렸을 것입니다. 친구에게 배신감도 느꼈을 것입니다. 교사가 상담실에 온 학생의 입장에서 이야기를 잘 들어준다면 학생도 자신의 편이 생긴 것 같은 든든한 마음을 느낄 것입니다.

둘째, 이 학생이 ==원하는 것이 무엇인지 탐색==하겠습니다. 친구A와 다투고 절교를 하였는데 화해하고 싶은 마음인지, 친구A가 사과를 했으면 좋겠다고 생각하는지 알아보는 것이 중요합니다. 속상한 마음이 들고 감정의 파도에 휩쓸리게 되면 학생도 자신이 진정으로 원하는 것이 무엇인지 보지 못할 때가 많습니다. 내면을 탐색하고 친구A에게 전하고 싶은 마음이 무엇인지 생각해보도록 하겠습니다. 직접 적어보거나 큰 소리로 직접 말해보도록 함으로써 감정이 많이 해소되는 효과가 있을 것입니다.

셋째, ==친구관계를 다루고 있는 그림책==을 활용하겠습니다. 학생과 함께 한 문장씩 읽으며 진정한 친구에 대해서 이야기해보겠습니다. 그림책은 짧은 문장과 이미지가 함께 제시되어 감정을 솔직하게 나눌 수 있습니다. 다루기 어려운 부분도 그림책이 하나의 상담 도구로서 작용하여 편안하게 다룰 수 있는 장점이 있습니다. 책의 주인공 입장, 상대방의 입장을 생각해보면서 친구관계에 대해 스스로 고민하고 해결할 수 있는 힘을 기르도록 하겠습니다.

답안 2의 Tip

학생들은 교사에게 상담을 요청할 때 해결책보다 기분을 알아주고, 자신의 편이 되어주고, 따뜻한 말을 듣고 싶어 하는 경우가 많습니다. 교사는 학생에게 따뜻한 위로를 주는 버팀목이 되어야 하고, 해결책은 학생이 스스로 생각할 수 있도록 촉진하는 것이 중요합니다.

14 담임교사로부터 지속적으로 다른 학생들과 어울리기 힘들어하는 학생에 대한 자문 의뢰가 들어왔습니다. 담임교사에게 어떤 자문을 할지 실제상황처럼 실연해보세요.

> 답안1

안녕하세요. 선생님. ○○이가 다른 학생들과 어울리기 힘들어해서 저에게 자문을 구하고 싶으셨다고요. 연락해 주셔서 감사해요. ○○이가 언제부터 그리고 어떤 상황에 힘들어한다고 느끼셨나요? 그랬군요. 선생님도 걱정이 많으셨겠어요. 혹시 ○○이와 친구들 사이에 눈에 띄는 갈등이 교실에서 있었을까요? 제가 ○○이와 아직 직접 말해본 적이 없어서 그런 어려움이 있는 줄은 몰랐습니다. 저도 관심을 가지고 지켜보도록 하겠습니다. 전학을 오거나, 또 작년에는 괜찮았어도 사춘기가 시작되거나 방학이 지나고 나서 또는 새로운 학기가 됐을 때 학생들이 가끔 그런 모습을 보이기도 하더라고요.

지금으로서는 2가지 정도를 시도해볼 수 있을 것 같아요. ==첫째, ○○이와 이 일에 대해 직접적으로 이야기를 나누어보는 것입니다.== ○○이가 친구들에게 어떤 마음을 가지고 있는지, 자신의 상황을 어떻게 생각하고 있을지가 굉장히 중요할 것 같아요. 선생님께서 ○○이를 이렇게 신경 써주시는 것만 알아도 ○○이가 큰 힘을 받을 것 같아요. ==둘째로는 학급에서 신뢰서클활동을 해보시는 건 어떨까요?== 아이들이 자연스럽게 서로의 공통점을 발견하고 서로 연결되어 있음을 느낄 수 있는 활동을 해보면 ○○이도 반에 소속감과 유대감을 가지고 좀 더 다른 학생들과 어울리기 쉬워할 것 같습니다.

지금으로서는 이렇게 2가지를 해보시고 어땠는지 말씀해주세요. 필요하시면 활용해볼 수 있는 다른 방안도 안내해드릴 테니 언제든지 편하게 말씀해주시고요. 그리고 ○○이가 괜찮다면 한번 상담실로 들러달라고 해주세요. <u>상담실은 열린 공간으로 고민이 있거나 말하고 싶은 게 있을 때 언제든지 방문 가능합니다.</u> 선생님이 이렇게 관심을 가져주시니 ○○이도 금방 학급에 적응할 것 같네요. 네, 감사합니다. 언제든지 말씀해주세요. 이렇게 자문하겠습니다.

> **답안 1의 Tip**
>
> 저는 일반적으로 답하는 것보다 실연 문제가 더 어렵다고 느꼈습니다. 이런 실연 문제도 면접에서 많이 출제되니 미리 충분한 연습을 해보면 좋을 것 같습니다. 저는 담임선생님과 자연스러운 대화를 하는 것처럼 보여주고 싶어서 실제 상황이라면 제가 했을 법한 질문을 함께 넣어 답변을 구성했습니다. 면접에서 실연에 대한 답을 할 때는 표정이나 손동작 등을 실제로 대화하는 것처럼 보여주는 것도 좋다고 생각합니다. 그리고 자문을 할 때는 담임선생님의 어려움에 공감하고 선생님에 대한 지지와 격려를 포함한다면 선생님은 더욱 힘이 날 것 같습니다.

> 답안 2

　안녕하세요. ○○선생님. 반 친구들 모두 잘 지내면 좋은데 한 학생이 반 친구들과 어울리기 힘들어한다고 하니 선생님께서도 많이 힘드실 것 같아요. 고생이 많으십니다. 먼저 힘들어하는 학생은 <U>어떤 성향의 학생인지 궁금합니다</U>. 학생의 성격이 대인관계의 많은 부분을 차지합니다. 예를 들어 내향적인 아이들은 다른 학생들과 어울리기보다 혼자 하는 활동에 더 흥미를 보입니다. 이런 성향의 아이들의 경우에 모둠활동이나 협력이 필요한 과업을 하기 힘들어할 수 있습니다. 만약 학생의 경우도 내향성이 강하다면 이를 고려해서 점차적으로 학생들과 어울리게 하는 접근이 좋을 수 있습니다. 반대로 외향적인 성격의 아이들의 경우도 친구들과 어울리는 데 어려움을 겪을 수 있습니다. 외향적인 아이는 상호작용을 중요시 하는데, 타인과 상호작용을 하면서 갈등 상황이 나타나는 경우가 많을 것입니다. 관계 속에서 어울리는 것을 어려워한다면 다른 접근 방법이 필요합니다. 학생의 성향을 먼저 분석하신 후에 적절한 개입이 중요하다고 생각합니다. 두 번째로, <U>학급에서 자연스럽게 친해질 수 있는 활동</U>을 틈틈이 해보시면 좋을 것 같습니다. 이전에 비슷한 경우로 힘들어하는 선생님이 계셨는데 학급 활동을 통해 많은 도움을 받으셨습니다. 학급에서 서로의 고민을 터놓고 나눠보는 집단상담, 신체를 이용한 스포츠 활동, 비밀친구를 통해 긍정적인 영향 주고받기 등 학급에서 우정을 강화할 수 있는 여러 프로그램들이 있습니다. 세 번째로, <U>선생님께서 친구들과 어울리기 힘들어하는 학생에 대한 관심과 칭찬을 많이 보여주시면</U> 좋습니다. 상호작용이 없고 조용한 학생은 반 학생들도 그 학생에 대해 잘 모르는 경우가 많습니다. 반대로 다른 친구들과 갈등이 있어서 어울리기 힘든 학생일 경우는 반 학생들이 그 학생을 미워하고 나쁜 학생이라고 낙인찍을 수 있습니다. 선생님께서 해당 학생을 자주 불러주시고 관심을 가져주시면 반의 다른 아이들도 그 아이에 대해 관심을 갖게 되고, 서로 이해해주는 학급 분위기를 만들 수 있을 것입니다. 선생님께서 많이 고민하시고 노력하고 계시니 그 학생이 변화할 것이라고 믿습니다. 말씀드린 것을 한번 시도해보시고 피드백 주시면 저도 적극적으로 도와드리겠습니다.

답안 2의 Tip

내향성이 있는 아이만 다른 학생들과 어울리는 데 어려움이 있는 것은 아니고 외향성이 있는 아이도 친구관계에 어려움이 있을 수 있다는 점을 고려해야 합니다. 실제 상황처럼 실연해보라는 문제가 나왔을 때는 항상 공감과 적극적인 자세를 보여줄 수 있도록 답변하면 좋습니다.

15 학생A는 반에서 학업도 우수하고, 생활 태도도 훌륭하지만 혼자 있는 경우가 많습니다. 어느 날 학생A가 찾아와 자신도 친구를 사귀고 싶다는 이야기를 하였습니다. 이처럼 다른 친구들과 어울리지 못하는 학생의 경우 대인관계 형성의 측면에서 어떤 도움을 제공할 수 있는지 말해보시오.

답안 1

학생A는 학업도 우수하고 생활 태도도 좋은 등 장점이 많은 학생으로 보입니다. 저는 학생A가 가지고 있는 강점을 이용하여 학생이 자신을 충분히 이해하고 인간관계 형성을 위한 노력만 더해진다면 분명 좋은 친구들을 많이 만들 수 있지 않을까 합니다. 따라서 저는 친구를 사귀고 싶다고 말하는 학생A의 대인관계 형성의 측면을 위해 상담교사로서 다음과 같은 3가지 도움을 제공하겠습니다.

첫째, 또래상담 동아리를 권하겠습니다. 또래상담을 통해서 자연스럽게 친구들의 고민을 듣고, 친구들에게 관심을 가질 수 있도록 돕겠습니다. 또한 같은 또래상담원인 친구들을 모델로 친구 형성에 대한 여러 가지를 배울 수 있다고 생각합니다.

둘째, 개인상담을 실시하겠습니다. 상담은 스스로에 대해서 알아가는 과정이기도 합니다. 학생A가 자신의 어떤 부분이 지금까지 친구를 사귀는 것에 방해가 된다고 생각하는지 그리고 지금 자신도 친구를 사귀고 싶다고 말한 이유는 무엇일지 학생과 같이 호흡하며 함께 문제를 풀어나가도록 하겠습니다.

셋째, 학생A를 상담실 학습 멘토로 정하겠습니다. 이를 통해서 학생A에게 학습 도움을 받고 싶은 아이들이 정해진 시간에 방문할 수 있도록 하고 학생A는 다른 학생들을 도와주면서 친구들과 소통하고 어울리는 방법에 대해 자연스럽게 터득할 수 있다고 생각합니다.

답안 1의 Tip

학생의 약점보다는 강점을 보는 교사가 되고 싶다는 제 교직관을 이용한 답변입니다. 학생에게 어떤 도움을 주고 싶은지 선생님의 교직관과 연결하여 생각해보는 것도 좋을 듯합니다.

> 답안 2

대인관계 형성에 있어서 다음과 같은 도움을 제공하겠습니다.

첫째, 개인상담을 실시하겠습니다. 학생의 대인관계에 있어서 구체적으로 어떤 어려움이 있는지 탐색해보겠습니다. 친구관계 검사와 같은 심리검사를 활용하거나 성격검사를 활용해볼 수도 있습니다. 또한 학생이 친구를 사귀고 싶어 하는 마음에 대해 공감해주고, 혼자 있을 때의 소외감, 외로움 등 그 이면에 숨겨진 감정과 아픔에 대해서 치유해주는 시간이 필요합니다.

둘째, 대인관계 향상 집단상담을 진행하겠습니다. 친구들과의 관계 형성, 관계 개선을 원하는 학생들을 10명 이내로 구성하여 집단상담을 해보는 것입니다. 공통 목적을 가진 친구들이 모여 같은 고민을 나누며 친밀해지는 경험을 제공할 수 있는 장점이 있습니다. 또한 학생들이 소집단 내에서 조금 더 편안하게 자신을 표현하고 그 속에서 타인에게 수용받는 경험을 하게 될 것입니다.

셋째, 교내 행사로 '좋은 친구의 날'을 정해 친구에 대해 생각해보고, 서로 따뜻한 마음을 나누면서 상호작용할 수 있는 기회를 제공할 수 있습니다. 한 번도 이야기를 나누지 못한 친구에게 편지로 마음을 전달한다거나 이전에 싸웠던 친구와 화해할 수 있는 기회를 마련해주겠습니다. 이를 통해 학생들 모두가 주변 친구에게 관심을 갖고 우정을 쌓을 수 있는 분위기를 형성하겠습니다.

답안 2의 Tip

친구관계에 있어서 어려움을 겪는 학생은 다가가는 법을 잘 모르거나, 환경의 변화가 있거나, 과거에 친구관계에 있어서 상처가 있을 가능성이 있습니다. 학생과 상담을 통해 어려움과 원인을 파악하고, 친구관계를 맺을 수 있는 장을 만들어주는 것이 중요합니다.

16 전학 온 학생의 경우 새로운 학급과 학교에서 적응이 어려운데 교사로서 어떻게 도움을 제공할지 말해보시오.

> 답안 1

　새롭게 전학 온 학생의 경우 새로운 학교와 학급에 적응하는데 어려움을 겪기도 합니다. 특히 지금과 같은 코로나 상황에서 전학을 왔을 때 더욱 적응하는 것에 어려움을 겪습니다. 저는 상담교사로서 새롭게 전학 온 학생의 학교 적응을 돕기 위해 다음과 같은 3가지 도움을 제공하겠습니다.

　첫째, 또래상담 동아리 학생들에게 번갈아 가며 학교 소개를 받을 수 있게 하겠습니다. 이를 통해서 기존의 학교 학생들을 자연스럽게 소개받을 수 있고 또래상담인 친구들의 친구도 소개받으면서 친구들을 만들 기회가 늘어난다고 생각합니다. 또한 새로운 학교에 오게 되면서 고민이 생길 수 있는데 고민을 잘 들어주는 교육을 받은 또래상담 동아리 친구들을 통해 도움받을 수 있다고 생각합니다.

　둘째, 온라인 단기 집단상담에 참여할 수 있도록 하겠습니다. 새로운 학교에 전학을 오며 생기는 다양한 변화에 학생은 스트레스를 받을 수도 있다고 생각합니다. 특히 원격수업 상황에서 전학을 오게 되면 더욱 친구들과 학급에 적응이 어려워집니다. 저는 학생이 동의한다면 온라인 단기 집단상담에 참석할 수 있도록 하여 학생이 정서적으로 안정될 수 있게 돕고 또 새로운 친구들을 알아갈 수 있도록 하겠습니다.

　셋째, 담임교사와 협력하겠습니다. 담임교사와 소통하며 새롭게 전학 온 학생에게는 어떤 도움이 필요할지 고민하고, 혹시 학생에게 정서적인 도움이 필요하진 않은지 꾸준하게 관심을 가지겠습니다.

🏫 답안 1의 Tip

해당 문제에서는 원격수업이 진행 중인지 나와 있지 않지만 현재 코로나 상황에서 교육현장에 많은 변화들이 나타나고 있기 때문에 원격수업일 때에는 어떻게 대처할지도 함께 섞어서 답변하는 것도 좋다고 생각합니다.

> 답안 2

우리는 누구나 변화에 콩닥콩닥 설레기도 하지만 알 수 없는 두려움을 느끼게 됩니다. 전학은 낯선 환경에 낯선 친구들, 선생님까지 모든 것이 새로운 상황을 마주하는 것입니다. 전학생이 학급과 학교에 안정감을 느끼고 적응할 수 있도록 다음과 같이 도와주겠습니다.

첫째, 학급에서 돌아가면서 전학생에게 학교를 구경시켜주고 말동무가 되어줄 수 있는 프로그램을 진행합니다. '어서와 우리 학교는 처음이지?'와 같은 재미있는 이름을 붙여 학생들이 학교 가이드가 되어 즐겁게 참여할 수 있도록 하는 것입니다. 전학생도 학교를 둘러보면서 친구들과 대화도 나누고 친밀해질 수 있는 기회가 생길 뿐 아니라 다른 학생들도 재미있는 방식으로 자신의 역할을 부여받아 책임감을 느낄 수 있을 것입니다.

둘째, 교내에서 전학생 집단상담을 실시해보는 것입니다. 동질집단상담의 장점은 나와 비슷한 상황에 놓인 다른 친구들과 상호작용하며 보편성을 느끼게 되는 것입니다. "나만 그런 게 아니었구나. 비슷한 고민을 하는 다른 친구들도 있구나."라고 느끼면서 서로 동질감과 친밀감을 느끼게 됩니다. 집단 속에서 자신의 경험담과 감정을 나누며 수용받는 경험을 할 수 있을 것입니다.

셋째, 사제동행 프로그램을 실시합니다. 전학 온 학생이 학교생활에 적응을 어려워할 경우 학급 내에서 소그룹을 편성하여 교사와 학생들이 상호작용할 수 있는 기회를 만드는 것입니다. 사제동행 프로그램은 교사와 학생들이 함께 문화 예술 체험이나 체육 활동 등을 함께하면서 신뢰감을 형성하고 친밀해지는 장점이 있습니다. 전학생이 학교에 적응하는 데 도움을 주기 위해서 여러 활동을 함께하면서 상호작용하고, 고민도 나눌 수 있을 것입니다.

🏫 답안 2의 Tip

답안을 생각할 때 1) 학급 학생들과 함께할 수 있는 활동, 2) 전체 교내 학생들과 함께할 수 있는 활동, 3) 교사가 참여할 수 있는 활동과 같이 세 가지 항목으로 나누려고 했습니다. 다양성 있는 답변을 생각하는 팁은 항목을 학생(학급, 교내), 교사(담임, 타교사), 학부모, 지역사회 이런 식으로 나누어서 좋은 활동이 떠오르는 것을 골라 답하는 것입니다.

17 한 학생이 동아리 활동을 할 때 동아리의 다른 친구들과 지속적으로 말다툼이 일어나고, 사소하지만 기분 상하는 일이 많아서 동아리를 탈퇴하고 싶다는 말을 하였습니다. 학생은 자신의 진로에도 도움이 되는 동아리 활동이라 탈퇴하기 싫지만 친구관계로 인한 스트레스가 더 강하여 이런 생각을 하게 되었다고 합니다. 이런 상황에서 학생과 실제 상담을 한다고 생각하고 대화하듯이 답해보시오.

(답안 1)

저는 학생이 상담실을 방문하였을 때 다음과 같이 상담하겠습니다.

○○아, 그런 일이 있었구나. 많이 힘들었겠다. 고민되었을 텐데 선생님한테 이렇게 말해줘서 고마워. 선생님 같아도 정말 고민됐을 것 같아. 선생님한테 동아리에서 있었던 일을 말했는데 한번 말해보니까 지금 기분이 어떤 것 같아? 그래, 다행이다.

○○이가 이렇게 스트레스를 많이 받았는데 동아리를 탈퇴하지 않은 것을 보면 동아리가 ○○에게 굉장히 소중한 존재인거 같아. 그렇니? 그래, 그렇구나. 선생님은 ○○이가 힘들어도 무조건 동아리에 있어야 한다고는 말하고 싶지 않아. 왜냐하면 미래의 행복이 중요한 만큼 현재의 행복도 중요하거든. ○○이가 지금 동아리에 있어서 정말 많이 힘이 든다면 무리해서 노력하지 않아도 괜찮다고 생각해. 하지만 ○○이가 이렇게 자신의 진로를 위해 노력하는 모습은 정말 멋진 것 같아. 아직 ○○이가 동아리를 계속 하는 것이 좋을지, 탈퇴할지 고민이 많이 되는 것 같은데 그렇니? 그럼 선생님이랑 같이 한번 동아리를 탈퇴했을 때와 탈퇴하지 않았을 때의 장단점을 적어볼까? ○○이가 어떤 선택을 하는 게 더 행복할지 우리 한번 진지하게 생각해보면 좋을 것 같아.

이상입니다. 저는 상담교사로서 전문성을 활용하여 학생이 자신의 감정을 충분히 탐색할 수 있도록 하고 지혜로운 선택을 할 수 있도록 돕겠습니다.

> **답안 1의 Tip**
>
> 시연을 할 때는 실제로 학생과 대화하듯이 목소리와 속도, 표정도 함께 구성해서 답변을 생각해보세요. 고개도 끄덕끄덕하고 중간중간 음, 오, 아, 그렇구나 등의 공감의 추임새도 넣어서 답변을 한다면 더 좋을 것 같습니다.

> 답안 2

　　○○아, 친구랑 많이 싸우고 기분 상하는 일도 많았다니 네가 많이 속상하고 힘들었겠다. 힘들었을 텐데 이렇게 상담실에 찾아와서 고민을 나눠줘서 고마워. ○○이가 하고 있는 동아리가 ○○이의 꿈과 관련이 있는 동아리인데 탈퇴하고 싶다는 생각을 했다는 것은 정말 이 문제가 너를 많이 괴롭혔을 것 같다. 많이 힘들었지?
　　선생님이 들어보니 ○○이가 동아리 활동은 하고 싶은데 친구랑은 불편한 관계가 되어서 화해를 하고 싶기도 하고, 안하고 싶기도 한 마음일 것 같은데… ○○이가 이런 마음을 느끼고 있는 것 맞아? 그렇구나. 이런 감정을 양가감정이라고 한단다. 사람들은 누구나 양가감정을 가지고 있어. 마음속에서 두 가지 마음이 싸우는 거라고 생각하면 돼. 마음속에는 짜증나는 마음도 있고, 친구랑 다시 관계가 회복되는 것을 원하는 마음, 동아리 활동을 하고 싶은 마음도 있어. 우리 함께 너의 마음이 어떤지 탐색해볼까?
　　그리고 ○○아, 이런 고민은 너만 하는 것은 아니야. 다른 친구들도 이런 고민을 많이 한단다. 선생님도 예전에 비슷한 경험이 있어. 반에서 싸운 친구가 있었는데 관계가 너무 불편해졌었어. 선생님은 그 친구랑 만나는 게 짜증나서 학교도 다니기 싫었었는데, 내 마음을 들여다보니 그 친구랑 화해하고 학교도 재밌게 다니고 싶더라고. 그래서 친구에게 편지를 써서 화해를 한 적이 있어. ○○이도 해결되는 과정 속에 있는 거야. 우리 같이 방법을 찾아보자!

🏫 답안 2의 Tip

상담실에 찾아온 학생에게 따뜻한 위로와 공감을 먼저 나눠주시면 좋겠습니다. 위로를 받게 된 학생이 편안해진 분위기 속에서 자신의 감정을 탐색할 수 있도록 상담하는 방식을 생각해보았습니다. 시연 문제에서는 구체적인 해결책을 제시하는 것도 좋지만 수험생이 어떻게 학생과 대화를 하는지를 보는 것에 초점을 두고 있다고 생각합니다. 감정과 톤을 잘 살려서 답하면 도움이 될 것 같습니다.

다문화 학생

18 부모님은 모두 외국 국적을 가지고 있지만 학생A는 한국에서 태어나 한국 국적을 가지고 있습니다. 학생A는 언어가 다른 학생들보다 느려 다른 사람들에게 자신의 주장을 표현하는 것을 힘들어합니다. 그러다 보니 의사소통에 스트레스를 받고 있고 다른 학생들 사이에서 자주 주눅이 듭니다. 이런 학생의 의사소통능력, 자기주장능력을 향상시켜주고 싶을 때 어떤 방법을 제시할 수 있는지 3가지를 말해보시오.

답안1

저는 의사소통에 스트레스를 받고 있는 다문화 학생의 의사소통능력과 자기주장능력을 향상시켜주기 위해 다음과 같은 3가지 방법을 제시하고자 합니다.

첫째, 동화책을 활용하여 의사소통능력을 향상시킬 수 있는 상담을 실시하겠습니다. 동화책을 통해서 다양한 인물의 감정과 의사소통 방법에 대해서 학습하고 자연스럽게 어떤 말들을 사용하면 될지 알 수 있도록 돕겠습니다. 또한 "○○이가 지금 이 사람이었으면 어땠을까, 이런 상황에서는 어떻게 말을 해야 할까" 등의 질문을 통하여 자신의 주장을 올바르게 전달할 수 있는 자기주장능력 또한 향상시키겠습니다.

둘째, 다문화가정센터, 학습도움센터 등 외부기관과 연계하여 방학에도 학생이 끊이지 않고 언어능력을 향상시킬 수 있도록 돕겠습니다. 언어에 관련해서는 단기적인 시각보다 장기적인 시각이 필요하다고 생각합니다. 다문화 학생들의 경우 학기 중에 많은 발전을 보이지만, 방학 후에는 다시 원상복귀가 되는 경우가 있습니다. 이러한 것을 방지하기 위하여 다문화가정센터 또는 학습도움센터에 연계하여 방학에도 꾸준하게 배움을 쌓아나갈 수 있도록 하겠습니다.

셋째, 학부모님과 협력하여 가정에서 할 수 있는 활동들에 대해서 알려드리겠습니다. 의사소통능력, 자기주장능력을 향상시키기 위해서는 가정의 도움이 필수적이라고 생각합니다. 따라서 현재 학생의 상태를 부모님께 전달하고 학교와 상담실에서 받는 프로그램과 더불어 가정에서도 활용할 수 있는 활동들에 대해서 안내하고, 꾸준히 가정에서 학생은 어떠한지 부모님과 소통하며 학생에게 필요한 도움을 줄 수 있도록 하겠습니다. 혹시 부모님이 한국어가 어려우시고 제가 사용할 수 있는 언어들 중에 부모님과 소통이 가능한 언어가 없다면 통역서비스를 활용하여 부모님과 소통하겠습니다.

저는 3가지 방법을 통하여 학기 중에도, 방학에도 학생이 꾸준히 의사소통능력과 자기주장능력을 향상시킬 수 있도록 상담교사로서 돕겠습니다. 이를 통해 한 명도 빼놓지 않는 책임교육을 실현할 수 있도록 하겠습니다.

 답안 1의 Tip

저는 학습적인 부분에 대해서 많이 적었지만 문제에서는 학생이 주눅 들었다는 내용도 있으므로 자존감에 대한 답변도 가능할 것 같습니다.

> 답안 2

　　다문화 학생의 의사소통능력과 자기주장능력을 향상시켜주기 위해 저는 다음과 같은 도움을 제공하겠습니다.

　　첫째, 의사소통능력을 향상시켜주기 위해서 학생의 언어 학습 지원이 필요합니다. 언어적인 문제로 다른 학생들과 의사소통의 문제도 생기고 교과의 주요 개념이나 설명을 이해하지 못하여 기초학력이 저하될 수 있습니다. 한국어 구사 능력을 보충할 수 있는 프로그램, 지역사회 다문화센터, 학습종합클리닉 등의 연계기관을 소개해주고 전문적인 도움을 제공해야 합니다.

　　둘째, 자기주장능력과 관련해서는 자신감을 키워주기 위해 학생의 특기를 찾아주는 것입니다. 학생이 언어적인 문제로 자신의 주장을 표현하는 것을 힘들어하고 있습니다. 언어적인 문제로 인해 할 수 있는 것들이 많지 않아 자신감이 낮아진 상태입니다. 학생이 잘할 수 있는 것을 발견해주고 그 부분을 칭찬해주고 지원해주는 것이 필요합니다. 예를 들어 운동을 좋아하고 잘하는 학생이라면 신체적인 활동을 하면서 자신감을 키워줄 수 있습니다.

　　셋째, 학급 내에서 친구와 짝을 이루어 서로 언어를 가르쳐주고 배울 수 있는 기회를 주겠습니다. 이 학생의 경우 부모님이 외국 국적을 가지고 있어 한국어는 느리지만 타 언어 능력은 높을 것입니다. 자신이 잘할 수 있는 언어를 다른 친구들에게 가르쳐주고, 친구로부터 한국어도 배울 수 있도록 하겠습니다. 이를 통해 의사소통능력뿐 아니라 자기주장능력 또한 키울 수 있을 것입니다.

답안 2의 Tip

다른 문화적 배경으로 힘들어하는 것 중 첫 번째는 언어 장벽입니다. 언어가 안 되는 상황에서 학교의 학습을 따라가기는 너무 힘들 것입니다. 학생이 언어 지원을 받을 수 있는 곳을 소개해주고, 학급 내에서도 학생의 고유한 장점을 바라봐주면서 자기주장능력을 키울 수 있도록 해야 한다고 생각합니다.

19 학생A는 다문화 학생으로 외국인인 어머니가 계십니다. 어머니의 한국어가 서툴러 학생과 어머니와의 소통이 잘 이루어지지 않는데 학생A가 사춘기를 맞게 되면서 어머니와의 갈등이 심화되고 있고 또한 남들과 다르다고 생각하는 자신의 외모에 대해 우울해하고 있습니다. 상담교사로서 어떤 도움을 줄 수 있을지 말해보시오.

(답안1)

저는 상담교사로서 학생에게 다음과 같은 3가지 도움을 제공하고 싶습니다.

첫째, **학생에게 다름에 대한 인식의 전환을 가져올 수 있는 개인상담 프로그램을 진행하겠습니다.** 학생은 현재 남들과 다르다는 것에 대해 우울해하고 있습니다. 저는 동아시아학을 융합전공으로 공부했었는데 그 과정에서 다양한 문화가 개인과 사회 그리고 집단에 가져다 줄 수 있는 장점이 많다는 것을 느꼈습니다. 저는 이러한 다름이야말로 학생만이 가지고 있는 특별함이라고 생각합니다. 저는 학생에게 다름은 나의 약점이 아니라 오히려 내가 가지고 있는 강점 중 하나라는 인식의 전환을 개인상담을 통해 알려주고 싶습니다.

둘째, **자녀와의 대화법에 대한 부모 교육을 실시하겠습니다.** 현재 외국인인 어머니와 학생 사이에 소통이 잘 이루어지지 않고 사춘기가 되며 갈등이 심화되고 있다고 합니다. 비단 현재의 사례뿐만 아니라 많은 부모님들이 우리 아이와 소통하는 것이 힘들다고, 맘 같지 않다고 하십니다. 말에는 다양한 힘이 담겨 있습니다. 어떤 내용을 전달하는지가 아닌 어떻게 전달하는지 비언어적인 요소들이 굉장히 큰 부분을 차지하기도 합니다. 따라서 저는 전문성을 활용하여 부모님들의 마음이 사춘기 자녀에게 잘 전달되기 위해서는 어떻게 해야 하는지 어머니께 자녀와의 대화법에 대해 알려드리도록 하겠습니다. 필요하다면 **학생과 어머니가 함께 상담에 참**

여하여 서로 진솔한 대화를 나누며 치유의 시간이 되도록 하겠습니다.

셋째, 상담실에서 다문화의 날을 맞이하여 행사로 다양한 문화적 배경을 가지고 성공한 인물에 대해 소개하는 이벤트를 열어 다문화 학생들에게 친근한 학교 분위기를 만들겠습니다. 학생의 입장에서는 선생님은 겪어보지 않아서 모를 것이라는 생각이 들며 제가 하는 말이 공허하게 들릴 수도 있다고 생각합니다. 그래서 실제로 다양한 문화적 배경을 가진 존경할 수 있는 인물을 알려주어 학생들이 자신의 롤모델을 가질 수 있도록 돕겠습니다. 이를 통해 이 학생뿐만 아니라 학교에 있는 다문화 학생들도 앞으로 자신에 대해 의문이 들거나 혼란스러울 때 비슷한 경험을 하였던 롤모델들을 떠올리며 힘을 얻을 수 있다고 생각합니다. 이런 이벤트를 열어 다름은 차별의 대상이 아닌 또 다른 강점으로 인식하는 등 학교를 다문화에 대한 친근한 분위기로 만들 수 있다고 생각합니다.

밤하늘이 반짝반짝 빛나는 이유는 여러 별들이 각자의 빛으로 빛나고 있기 때문입니다. 저는 이렇게 3가지 도움을 통해서 학생들 각자의 다양성이 각자의 빛으로 빛날 수 있도록 돕는 상담교사가 되도록 하겠습니다.

답안 1의 Tip

저는 동아시아학을 융합전공으로 공부했었는데요. 언젠가 이런 지식을 활용한 상담실 이벤트도 하고 싶다는 계획이 있습니다. 당연한 말이지만 다문화 학생들 또한 저희들의 소중한 학생들입니다. 다문화 학생들은 학업 중단율이 높다고 알려져 있는데 이런 학생들이 계속 배움을 지속할 수 있도록 학교를 만들어 나가는 것이 저희들이 할 일 중 하나가 아닐까 생각합니다. 선생님들은 또 어떤 좋은 답변을 주실지 궁금하네요.

[답안 2]

　다문화 학생을 돕기 위해 다음과 같은 도움을 제공하겠습니다.
　첫째, 외국인인 어머니와의 상담을 진행하겠습니다. 어머니의 힘든 점을 공감하고, 문화적인 적응 문제나 다문화 가정으로서 가질 수 있는 힘든 점을 이해하여 충분한 신뢰관계를 구축하는 것이 중요합니다. 만약 어머니와의 의사소통이 원활하지 않을 경우 통역전문가와 함께 상담할 수 있습니다. 이때 주의할 점은 통역전문가를 바라보면서 상담하는 것이 아니라 어머니를 바라보며 상담하는 것입니다. 언어는 다르지만 도움을 제공하려는 적극적인 마음과 진심을 전달하는 것이 중요합니다.
　둘째, 다문화 가정의 학부모를 도울 수 있는 다문화센터나 한국어 학습에 도움을 줄 수 있는 기관이나 인터넷 사이트를 소개해드리겠습니다. 문제에서는 어머니와 아이의 소통이 잘 이루어지지 않는다는 것을 보여주고 있습니다. 어머니께서 한국어를 배우실 수 있는 지원제도를 알려드리고 점차적으로 소통의 어려움을 해소할 수 있도록 하겠습니다. 또한 사춘기 자녀가 있는 학부모님들이 상호작용하고 서로의 고민을 나눌 수 있는 커뮤니티나 집단을 소개하여 서로 공유할 수 있는 기회를 만들어주는 것도 중요합니다.
　셋째, 학생과 상담하겠습니다. 학생이 자신의 외모에 대해 우울해하고 있습니다. 학생의 긍정적인 면을 찾아주는 데 초점을 두어 상담하겠습니다. 다문화 학생이 가질 수 있는 장점과 남들과 다른 것은 특별한 것이 될 수 있다는 점을 알려주어 학생이 주변인들의 시선과 편견에 맞서 바람직하게 사고할 수 있도록 돕겠습니다. 예를 들어 롤모델이 될 수 있는 인물을 소개하면서 학생이 용기를 가질 수 있도록 하겠습니다.

🏫 답안 2의 Tip

한국인 학부모이든 외국인 학부모이든 자녀 교육에 대한 관심과 아이를 위한 마음은 동일합니다. 다만 외국인 학부모로서 자녀와 소통의 문제가 있다는 특수한 점을 고려하여 공감과 함께 도움을 제공할 수 있는 구체적인 방법을 제시하는 것도 중요합니다. 학생의 경우 청소년기 외모의 변화와 다문화 학생이 가질 수 있는 외모 문제를 이해하고 긍정적인 점을 돋보여 상담을 진행할 수 있습니다.

학생A의 부모님 중 한 분의 국적이 다릅니다. 그러다 보니 학생A의 한국어가 서툴고 학교에서 친구들과 원만한 교우관계를 형성하는 것 또한 어려워서 학교 적응에 어려움을 겪고 있습니다. 이런 학생의 학교 적응을 위해 교사로서 어떻게 도와줄 수 있는지 말하시오.

> 답안 1

저는 학생A에게 상담교사로서 3가지 도움을 제공하겠습니다.

첫째, 집단상담을 통해 또래친구와 대화의 기회를 만들어주겠습니다. 집단상담을 통해서 학생이 자신에 대해서 더 잘 이해하게 되는 것은 물론 학교에 소속감을 가질 수 있다고 생각합니다. 또한 또래친구들과 말을 하며 자연스럽게 피드백이 교환되고 의사소통 능력이 더 발전할 수 있다고 생각합니다.

둘째, 서툰 한국어를 보충할 수 있도록 담임교사와 협력하겠습니다. 현재 학생은 한국어가 서툴러 교우관계가 힘들고 또한 이것으로 인해 학교 적응이 어려운 것으로 보입니다. 한국어가 서툰 것에 대한 문제를 극복할 수 있도록 담임교사와 협력하여 학생의 한국어 학습을 장려하겠습니다. 예를 들어 놀이치료를 하며 학생의 의사소통능력을 높이는 등의 노력을 통해 학생의 정서와 한국어 학습에 도움을 줄 수 있다고 생각합니다.

셋째, 다문화 학생 개별 맞춤형 멘토링을 하겠습니다. 졸업한 다문화 학생들 또는 학교에 재학 중인 다문화 학생과 연결하여 다문화 멘토링이 상담실에서 이루어질 수 있도록 하겠습니다. 사람들은 자신과 비슷한 사람이 있다는 것만으로도 큰 힘을 받습니다. 이런 다문화 멘토링을 통해 학생이 위로받고 또한 멘토를 통해 실제로 학교 적응에 대한 조언들을 받을 수 있도록 하겠습니다.

> 답안 1의 Tip
>
> 학생의 한국어가 어느 정도로 구사 가능한지에 따라서 사실 답변은 많이 달라질 수 있다고 생각합니다. 제가 답변에 집단상담을 만능 답안으로 참 많이 활용을 하는데요. 이렇게 어디에든 사용될 수 있는 답변들도 한번 준비해보시면 좋을 것 같습니다.

> 답안 2

저는 학생A를 다음과 같은 방법으로 돕겠습니다.

첫째, 학생이 올바른 자아정체감을 형성할 수 있도록 지속적인 상담을 하겠습니다. 자신의 정체성을 긍정적으로 바라보고 자신감을 가져야 또래와의 관계도 원만하게 형성할 수 있습니다. 교사의 역할은 학생이 학교생활에서 겪는 어려운 점을 공감하고 함께 고민해주며 지지해주는 것뿐만 아니라 학생이 자신만의 장점을 발견하고 자아정체감을 형성할 수 있도록 든든한 지원군이 되어주는 것입니다.

둘째, 학급에서 일일 학습도우미와 같은 활동의 기회를 제공합니다. 학생이 한국어가 서툴고 친구관계 형성에 있어서 어려움을 겪고 있습니다. 학급에서 학생들이 돌아가면서 이 학생에게 한국어도 알려주고 수업 진도나 과제를 도와줄 수 있도록 하는 것입니다. 교사는 다문화 학생에 대한 낙인이 아니라 학급에서 서로 협력하는 분위기를 만들어 학생들이 더불어 살아갈 수 있도록 가르쳐주는 것을 중요하게 생각해야 합니다.

셋째, 교내에서 다문화 감수성 교육을 실시하겠습니다. 학생들에게 세계시민으로서 문화의 차이와 다양성을 교육하고 다문화를 존중할 수 있는 여러 프로그램을 계획하겠습니다. 예를 들어 교내에서 '다문화의 날'을 만들 수 있고, 다문화의 날에 게임이나 스포츠 활동, 예술 활동을 통해서 함께 어울리고 자연스럽게 다양한 문화도 학습할 수 있도록 하겠습니다. 다문화 감수성을 높이는 교육을 통해 학생들이 다문화 학생들을 존중하고 일원으로서 수용할 수 있는 분위기를 만들 수 있을 것입니다.

답안 2의 Tip

'나는 다른 친구들과 다르다.'는 하나의 이유만으로도 학생들은 위축되기도 하고 우울해하기도 합니다. 다르다는 것은 나쁜 것이 아니라는 것, 모두가 각기 다른 장점을 지니고 있다는 것을 알려주는 것이 중요합니다. 개인상담을 통해 학생의 정서적 문제를 다루어주고, 학급과 교내에서 여러 활동을 통해 타인으로부터 수용받는 경험을 하도록 기회를 마련해주는 방법을 생각했습니다.

21 학교에서 친구들과 교우관계도 원만하고 인기가 많은 다문화 학생이 있는데 수업 중에 하는 체육, 미술 등 친구들 앞에서 보여줘야 하는 활동에 있어서는 "못하겠어요."와 같은 말을 자주하면서 자신감이 없는 모습을 많이 보이고 있다. 학부모님과의 상담에서 이 학생이 낮은 자존감을 갖고 있고, 다양한 문화적 배경을 가지고 있어 자아정체성에 혼란을 보이고 있다는 사실을 알게 되었다. 이 상황에서 학생을 도와줄 수 있는 방안 3가지를 제시하시오.

답안 1

교우관계도 원만하고 인기가 많은 등 학교에 잘 적응하고 있는 멋진 학생이지만 자존감이 낮거나 자아정체성 혼란의 어려움을 가지고 있는 것으로 보입니다. 저는 상담교사로서 이 학생에게 다음과 같은 3가지 도움을 제공하겠습니다.

첫째, 상담실에서 다문화 부모님을 마을교사로 초빙하는 프로그램을 진행해보겠습니다. 사람책의 형태로 다양한 문화의 이야기들을 듣는 시간을 가져 학교의 학생들도 다른 문화에 대해서 배울 수 있고 학부모님도 아이가 어떻게 학교생활을 하는지 확인할 수 있는 소중한 기회라고 생각합니다. 학부모님이 학교의 마을교사로 수업을 준비하며 가정에서 학생이 가지고 있는 다른 문화적 배경에 대해서도 학생과 많은 이야기를 나눌 수 있을 것으로 기대됩니다. 이 과정을 통해 자아정체성의 혼란을 느끼는 학생에게 도움을 주고 자존감도 길러줄 수 있다고 생각합니다.

둘째, 다문화 학생과 소울푸드 만들기 활동을 해보겠습니다. 다문화 학생이 한국과 또 다른 자신의 배경인 나라의 소울푸드를 만들어보면서 자신이 가지고 있는 다양한 문화에 대해 좀 더 이해하고 사랑하는 마음을 가질 수 있도록 하겠습니다. 시간이 충분하다면 상담실을 방문하는 다른 아이들과도 음식을 함께 나누어 먹으며 소속감과 친밀감을 다지는 시간을 가질 수 있다고 생각합니다.

셋째, 상담실 번역가로 학생을 위촉하겠습니다. 학교 내부의 다문화 아이들을 위한 다양한 응원메시지 활동, 코로나19 마음돌봄 가이드 번역 작업을 함께 하며 자신이 다양한 문화에 뿌리를 가지고 있다는 것에 자부심을 느낄 수 있도록 하고 다른 다문화 학생을 위한 활동들을 하면 자기치유가 일어날 수 있다고 생각합니다.

저는 이렇게 3가지 도움을 통하여 학생이 자신에 대해서 더 잘 이해하고 다양한 문화를 가지고 있는 것이 자신에게 큰 장점이 될 수 있다는 경험을 가질 수 있도록 도와주겠습니다. 이를 통해 학생의 자존감이 높아지고 자아정체성의 혼란에서 벗어날 수 있다고 생각합니다.

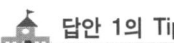 답안 1의 Tip

이번에는 직접 구성한 프로그램들로 답변을 짜보았습니다. 이렇게 개인의 아이디어가 들어간 답변들도 생각해보면 좋을 것 같습니다.

(답안 2)

　어려움을 겪고 있는 다문화 학생에게 다음과 같은 3가지 도움을 제시하겠습니다.

　첫째, 개인상담과 심리검사를 활용해보겠습니다. 수업 중에 '잘 못 하겠다.'라는 말을 하며 자신감 없는 모습이 나타나고 있습니다. 학생과 개인상담을 통해 자신감이 없는 이유를 탐색해보겠습니다. 심리검사를 통해 학생의 심리적 불편감과 적응 수준, 통제력, 자아탄력성 등의 패턴에 대한 정보를 얻고 어떻게 개입할지 우선순위를 세우고 방향을 정립할 수 있습니다. 상담과 검사 결과를 통해 다문화적 요소를 고려하여 종합적으로 학생을 도울 수 있도록 하겠습니다.

　둘째, 작은 성공을 할 수 있는 기회를 제공하겠습니다. 누구나 실패를 반복한다면 자신감이 떨어집니다. 자신감은 성취를 통해서 얻어질 수 있는 것이라 생각합니다. 수업시간이나 집단상담 시간을 활용하여 학생이 할 수 있는 부분을 찾아 역할을 부여하는 것입니다. 학생이 아주 사소한 부분이라도 성공의 경험을 한다면 학생의 마음속에 자신감이 싹트게 될 것입니다. 학업이 아니더라도 일상 속에서 작은 성공을 맛보게 해주고, 타인으로부터 칭찬과 인정을 받는 경험을 계속한다면 학생의 자신감이 향상될 것이라 생각합니다.

　셋째, 자아정체성을 함양시키도록 하겠습니다. 예를 들어 동화치료를 활용하면 동화를 같이 읽으면서 학생이 현재 겪고 있는 문제를 조금 더 쉽게 되돌아보고 내면의 갈등과 불안을 노출하고 해결할 수 있습니다. 이 학생의 상황과 비슷한 동화책을 활용한다면 학생이 더 몰입할 수 있을 것입니다. 이미 알고 있는 내용이라고 할지라도 주인공의 입장과 제3자의 입장을 각각 생각해볼 수 있고 동화를 다시 창작해보거나 제목을 붙여봄으로써 성취감과 자신감을 향상시킬 수 있습니다. 동화치료뿐 아니라 자아정체성을 함양하기 위해 원예치료, 미술치료, 음악치료 등을 활용할 수 있습니다. 다양한 방법으로 학생이 자기 자신에 대해 생각해볼 기회를 주고 그 과정 속에서 자아를 확립해 갈 수 있도록 지지해주는 것입니다.

답안 2의 Tip

자신감이 낮은 학생은 불안과 긴장도가 높습니다. 불안은 우울과 친구라는 말도 있습니다. 학생에게 안정감을 느끼게 하는 상담치료와 더불어 학교생활에서 긍정적인 경험을 할 수 있도록 도와주는 것이 중요하다고 생각합니다.

우울, 무기력, 불안함을 호소하는 학생

22 중간고사 시험 성적표를 받고 정말 열심히 노력했지만 점수가 절대 오르지 않는다며 좌절한 학생이 있습니다. 앞으로 열심히 공부해도 똑같을 것만 같은 미래에 숨이 막혀 죽고 싶다는 말을 할 때 교사로서 어떤 도움을 줄 수 있을지 말해보시오.

답안1

여러 번 실패의 경험을 겪게 되면 이렇게 자신의 미래에 대해서 부정적으로 느끼게 되고, 노력해도 앞으로의 상황이 바뀌지 않을 것만 같은 무력감이 쌓이며 학습된 무력감을 낳게 됩니다. 저는 상담교사로서 학생이 이런 무력감에서 벗어나 행복한 학교생활을 할 수 있도록 다음과 같은 3가지 도움을 제공하겠습니다.

첫째, 자기효능감 프로그램을 진행해보겠습니다. 자기효능감은 스스로 해낼 수 있다는 믿음을 가리킵니다. 현재 학생은 열심히 공부를 해도 미래가 바뀌지 않을 것 같다고 느끼고 있습니다. 저는 심리검사를 통해 학생의 자기효능감을 파악하고 증진시켜줄 수 있는 프로그램을 진행하도록 하겠습니다.

둘째, 작은 성취들로 나비효과를 만들어보겠습니다. 성적이 변화하지 않더라도 학생 주변에 변화시킬 수 있는 것은 많을 것이라고 생각합니다. 함께 스케줄러를 작성해보고 작은 성취들을 통해서 학생이 무력감으로부터 벗어날 수 있도록 돕겠습니다.

셋째, 감사일기를 적어보도록 하겠습니다. 감사일기를 적음으로써 현재 학생이 가지고 있는 부정적인 감정에서 긍정적인 감정으로 전환을 할 수 있도록 하겠습니다. 또한 자신의 주변에 어떤 지지자원들이 있는지 이 활동을 통해 느껴 볼 수 있는 기회를 만들겠습니다.

답안 1의 Tip
노력했지만 자기가 만족할만한 결과가 나타나지 않을 때 참 좌절스럽습니다. 우리 학생들이 이러한 경험을 할 때 교사로서 어떤 도움을 줄 수 있을지 교직관을 녹인 답변을 한다면 좋을 것 같습니다.

> 답안 2

첫째, 학생의 속상한 마음에 공감해주겠습니다. "○○아 점수가 잘 나오지 않아서 속상하겠다."와 같이 공감을 표현해주고 열심히 노력한 사실에 대해 칭찬을 해주겠습니다. 또한 학생이 숨이 막혀 죽고 싶다는 말을 하고 있습니다. 학생의 죽고 싶다는 말에 놀라거나 과잉 반응을 보이는 것은 좋지 않습니다. 죽고 싶다는 말을 하면서 죄책감을 느끼는 학생들도 많기 때문에 "네 탓이 아니다. 충분히 그럴 수 있다. 얼마나 힘들었으면 그렇게 생각했을지 마음이 아프다."라고 말해주면서 학생 내면의 감정과 욕구를 탐색하는 것이 더 중요합니다.

둘째, 학생의 인지에 대한 상담을 실시하겠습니다. 학생이 "정말 열심히 노력했지만 점수가 절대 오르지 않는다."라고 말한 것으로 보아 왜곡적인 사고를 하고 있을 가능성이 높습니다. 좌절과 실패를 반복하게 되면 부정적인 것에 초점을 맞추기 쉽습니다. 실패를 부정적인 것에만 귀인하고 있는 것이 아닌지 살펴보고 상담을 통해 비합리적 사고를 합리적 사고로 바꿀 수 있도록 도움을 줘야 합니다.

셋째, 기적질문을 활용해 긍정적인 미래의 모습을 그려보도록 하겠습니다. 현재 학생은 미래를 암울하게 생각하고 있습니다. "내일 아침에 일어났을 때 모든 것이 해결되었다고 생각해보자. 어떤 모습일 것 같아?"와 같은 기적질문을 해보는 것입니다. 이를 통해 학생이 진정으로 원하는 것이 무엇인지 알 수 있을뿐더러 학생 스스로 긍정적인 상상을 해볼 수 있습니다. 이를 통해 계속해서 학생이 긍정적인 사고를 할 수 있는 힘을 길러주는 것입니다.

🏫 답안 2의 Tip

우울한 학생에 대한 여러 가지 상담 방법이 있을 것입니다. 저는 문제에서 '죽고 싶다.', '점수가 절대 오르지 않는다.', '공부해도 똑같을 것 같은 미래' 이 세 가지에 초점을 맞추어 답을 생각해보았습니다.

23 시험 전날이면 너무 불안하여 밥도 제대로 먹을 수 없고 혹시 공부하지 않은 부분이 나오면 어쩌나 싶은 불안이 들어 잠을 이루는 것도 힘들어 하는 학생이 있습니다. 이런 시험 전에 찾아오는 불안 때문에 이제는 시험 치는 것 자체가 너무 큰 스트레스로 다가오는 학생을 어떻게 도와줄 수 있을지 말해보시오.

답안 1

학생이 시험에 대해서 굉장히 큰 스트레스와 불안을 가지고 있는 것으로 보입니다. 저는 상담교사로서 당장 학생이 불안으로부터 정서적인 안정을 찾을 수 있는 단기적인 도움 2가지와 불안 자체의 원인을 파악하는 장기적인 도움 1가지를 제공하겠습니다.

첫째, 단기적인 도움으로 잘못된 생각들에 대해서 스스로 반박할 수 있도록 훈련시키겠습니다. 가령 이런 생각들이 현실적인가? 나에게 도움이 되는가? 등을 생각해보며 학생이 불안한 상황에서 스스로 안정된 상태가 될 수 있도록 자신의 불안에 반박하는 인지행동훈련을 시키도록 하겠습니다.

둘째, 단기적인 도움으로 불안할 때 할 수 있는 대체행동들을 알려주겠습니다. 복식 호흡하기, 스트레칭, 명상 등 불안한 마음을 줄일 수 있는 언제든지 활용 가능한 이완 활동들을 함께 시연해보고 실제 생활에서도 활용할 수 있도록 돕겠습니다.

셋째, 장기적인 도움으로 학생이 이런 불안으로부터 벗어날 수 있도록 개인상담을 실시하겠습니다. 시험 전에 불안한 것을 컨트롤할 수 있는 것도 중요하지만 왜 시험 전에 불안을 느끼는지가 정말 중요하다고 생각합니다. 시험은 모든 사람이 긴장하기 마련이지만 이렇게 일상생활에 문제를 줄 수 있는 불안의 경우 학생의 마음속이 어떤지 잘 들여다볼 필요가 있다고 생각합니다. 가령 시험을 못 본다면 자신이 쓸모없는 사람처럼 느껴진다거나, 반드시 자신은 시험에서 실수할 것 같다고 느끼는 등 왜 시험에 대해서 이렇게 큰 스트레스와 부담감을 가지게 되었는지 그 원인을 파악하여 학생이 건강한 학교생활을 할 수 있도록 돕겠습니다.

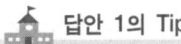
답안 1의 Tip

이번에는 학생이 겪는 어려움에 대해 단기적으로 도움을 줄 수 있는 방법과 장기적인 도움을 줄 수 있는 방법 두 가지로 나누어 답변해보았습니다.

> 답안 2

첫째, 개인상담을 실시하겠습니다. 시험에 대한 불안으로 편안한 식사와 수면을 힘들어하고 있습니다. 상담을 통해 학생의 이야기에 공감하고 온전히 받아준 다음 학생이 불안한 마음을 진정시킬 수 있도록 하겠습니다. 또한 학생과 상담을 하며 학생이 진정으로 걱정하는 것이 무엇인지 탐색해보면서 시험과 관련된 이유를 찾아보고 해결할 수 있도록 하겠습니다.

둘째, 걱정 인형과 같은 불안할 때 마음의 안정을 취할 수 있는 물건을 함께 만드는 활동을 해보겠습니다. 만들기 활동은 소근육 발달뿐 아니라 정서적 교감을 깊게 할 수 있는 장점이 있습니다. 아이가 불안하거나 잠을 못 잘 때 걱정 인형이 자신의 고민을 대신 들어준다는 믿음만으로도 마음의 안정과 편안함을 느끼게 됩니다.

셋째, 불안을 조절할 수 있는 방법을 알려주겠습니다. 인지행동 놀이치료를 이용하여 이완하고 인지적인 대처 방법과 행동적인 대처 방법을 놀이를 통해 배우는 것입니다. 불안할 때 사용할 수 있는 적절한 대처 기술들을 가르쳐주고 이를 함께 연습해보도록 하겠습니다.

답안 2의 Tip

청소년기에 자신의 감정을 잘 다룰 줄 아는 능력을 배울 수 있도록 교육하는 것은 굉장히 중요하다고 생각합니다. 상담이라고 하면 일대일로 앉아서 말로만 진행하는 것이라 오해하는 경우가 많습니다. 전문상담은 언어상담뿐 아니라 미술치료, 놀이치료 등 여러 방법과 정말 다양한 상담 도구를 사용하여 장기간 아이의 치유를 위해 노력하는 것입니다.

학생A는 자신감도 넘치고 학업에 열정을 보여 우수한 성적을 가지고 있습니다. 이 학생은 혼자서 하는 활동에는 굉장히 적극적이지만, 그룹 활동으로 과제를 제시하였을 때는 소극적이고 잘 참여하지 않으려 합니다. 이 상황에서 교사로서 어떻게 할지 3가지 방안을 말해보시오.

답안 1

4차 산업시대가 되며 혼자만의 힘으로 문제를 해결하는 것보다 모두와 함께 협력하여 문제를 해결하는 것이 중요하게 되었습니다. 학생A는 이미 혼자서 하는 활동을 적극적으로 잘 하고 있음으로 교사가 조금의 기회와 도움을 준다면 그룹 활동에서도 적극적으로 잘 참여할 것이라고 생각합니다. 따라서 저는 처음부터 학생A가 천천히 그룹 활동에 익숙해지고 스스로도 그룹 활동을 즐길 수 있도록 다음과 같은 3가지 도움을 제공하겠습니다.

첫째, **학생A의 입장에서 생각하며 학생A의 개인상담을 해보겠습니다.** 왜 학생A가 혼자 하는 활동에는 적극적이지만 그룹 활동에서는 소극적이었는지, 그룹 활동을 할 때 어떤 기분인지, 이전에 그룹 활동은 어땠었는지 이야기를 충분히 듣고 학생A에게 필요한 도움을 줄 수 있도록 하겠습니다.

둘째, **온라인을 이용한 그룹 활동을 진행해보겠습니다.** 우리 학생들은 디지털세대인 만큼 오프라인보다 온라인 환경에서 자신을 드러내는 것을 더 쉬워한다고 합니다. 따라서 온라인 그룹 활동으로 먼저 학생A가 그룹 활동에 대한 경험들을 쌓고 참여할 수 있도록 돕겠습니다.

셋째, **학생A와 그룹 활동 후 오늘의 교훈과 감정 나누기를 하겠습니다.** 아무리 의미가 없는 물건도 의미를 부여하면 가치가 있어지는 것처럼 경험 또한 이것을 통해 무엇을 배웠는지 또 어떻게 하면 더 좋을지 복기를 해봄으로써 더 가치 있게 만들 수 있다고 생각합니다. 학생A가 그룹 활동을 한 날에는 그룹 활동에 대한 복기를 함께하고 저의 피드백을 받으며 학생A가 그룹 활동에 대해 새로운 가치를 부여할 수 있도록 하겠습니다.

> **답안 1의 Tip**
>
> 어떤 상황에서든지 학생 문제보다는 강점에 집중하고 내부에서의 변화를 이끌어내는 방법이 무엇일지 고민을 해보는 것이 중요하다고 생각합니다. 강제된 변화는 지속될 수 없기 때문에 학생을 진심으로 변화시키기 위해서는 무엇이 필요할지 고민해보면 좋을 것 같습니다.

> 답안 2

우리는 더불어 살아갑니다. 우리는 일생동안 학교에서, 직장에서, 가족 내에서도 서로 상호작용을 하며 함께 일하고 생활하기 때문에 학교에서 교육을 통해 사회성을 기르는 것이 중요합니다. 그룹 활동에 소극적인 학생을 돕기 위해 다음과 같은 도움을 제공하겠습니다.

첫째, 협동의 즐거움을 느낄 수 있는 기회를 마련하겠습니다. 혼자서 하는 활동뿐 아니라 함께 무언가를 이루었을 때 성취감과 감동을 느낄 수 있도록 한다면 학생에게도 변화가 있을 것이라 생각합니다. 예를 들어 구기 종목의 체육 활동 같은 경우 개인의 능력이 합해져 하나의 팀으로 협동하여 성취감을 느낄 수 있습니다. 또한 동아리 활동 같은 경우도 같은 흥미나 진로를 가진 친구들과 함께 작품을 만들고 공유할 수 있습니다.

둘째, 개인상담을 통해 학생이 그룹 활동에 소극적인 이유를 탐색해보겠습니다. 학생이 함께하는 활동을 좋아하고 잘하면 좋겠지만 그렇지 않은 이유가 있을 것이고, 학교생활에서 함께 하는 활동이 굉장히 많기 때문에 그에 따른 스트레스도 있을 것입니다. 학생의 상황에 공감해주며 원인을 찾고, 나아갈 수 있는 힘을 길러 주겠습니다. 학생에게는 과거의 아픈 경험이 있을 수도 있고 학생의 성향에 따른 특징일 수도 있습니다. 함께 상담을 하면서 원인을 알아보겠습니다.

셋째, 1:1 학습 멘토-멘티 활동을 진행해보겠습니다. 이 학생의 특징은 자신감이 넘치고 학업이 우수한 것입니다. 배움이 느린 학생과 짝을 이루어서 이 학생이 멘토로서 또래를 가르쳐주도록 하겠습니다. 이를 통해 학생이 타인과 상호작용할 수 있는 경험을 할 수 있고, 자신이 잘하는 분야를 타인에게 가르쳐주면서 보람과 성취감을 느끼게 될 것입니다. 학생에게 그룹 활동이 부담스럽게 느껴지고 있기 때문에 먼저 짝 활동으로 시작해 점차적으로 그룹 활동에 적응할 수 있도록 하는 접근이 중요합니다. 짝 활동을 통해 한 명의 타인과 함께하는 기쁨을 느끼다 보면 점차적으로 다른 학생들과도 상호작용이 편하게 느껴질 것이라고 생각합니다.

답안 2의 Tip

학생이 그룹 활동에 소극적인 행동을 보이고 있습니다. 행동에는 원인이 있을 것입니다. 이를 파악해보고 학교에서 학생이 그룹 활동을 할 때 행복한 경험을 하게 해줌으로써 학생의 생각과 태도를 바꿀 수 있을 것이라 생각합니다. 행복한 경험을 하는 것은 회복할 수 있는 힘을 기르는 것입니다.

학생A는 밝고 활기찬 학생이었는데 최근에 친구들과도 잘 어울리지 않고 표정도 어두워졌습니다. 학생A의 변화에 대해 교사로서 어떻게 도와줄 수 있을지 말해보시오.

> 답안 1

　원래는 밝았던 학생이 최근에 친구들과도 어울리지 않고 표정도 어두워졌다는 것을 볼 때 학생에게 내적이든 외적이든 어떤 변화가 나타난 것이 아닐까 하는 생각이 듭니다. 저는 이런 학생의 변화를 살필 수 있는 3가지 상담 방법을 통해 학생에게 도움을 주고 싶습니다.

　첫째, 학교정원을 활용하여 숲상담을 진행해보겠습니다. 저는 노르웨이에 교환학생을 가서 숲상담을 경험해봤었습니다. 숲상담을 했을 때 학생들은 긴장이 이완되고 훨씬 자유로운 상태에서 이야기를 나눌 수 있습니다. 숲상담이 라포 형성에 유리한 점을 활용하여 학생에게 어떤 변화가 있었는지, 지금은 어떻게 지내는지 더 진솔한 이야기를 들을 수 있을 것이라고 생각합니다.

　둘째, 학생이 동의한다면 또래상담 학생과 이야기를 나누어 볼 수 있도록 하겠습니다. 저는 고등학교 때부터 또래상담 활동을 했었습니다. 실제로 활동을 하며 선생님에게는 말하지 못하는 이야기들이나 고민들을 친구들로부터 많이 들었던 경험이 있습니다. 또래집단에서 나타나는 역동이 분명히 존재하기 때문에 학생A도 또래상담 학생에게 자신의 고민을 말하는 경험을 하게 된다면 마음의 짐을 좀 내려놓을 수 있지 않을까 생각합니다.

　셋째, 무의식 탐색을 위해 투사검사를 활용해보도록 하겠습니다. HTP나 SCT를 통하여 학생이 방어를 한다고 할지라도 마음에 어떤 변화가 있었는지 솔직한 답변을 이끌어낼 수 있도록 하겠습니다.

저는 이렇게 3가지 상담 방법을 통해서 학생에게 나타난 변화를 파악하고 필요한 도움을 빠르게 줄 수 있도록 하겠습니다. 이를 통해서 단 한 명의 학생도 놓치지 않는 탄탄한 우리 학교 정서지킴이가 될 수 있도록 노력하겠습니다.

답안 1의 Tip

자신만의 경험을 중간중간 이야기하면 훨씬 진솔하고 풍부한 답변으로 만들 수 있습니다. 부담 없이 한 문장 정도씩 넣어보는 것도 좋을 것 같습니다.

> 답안 2

학생이 최근에 감정의 변화가 있었던 만큼 세밀한 관심이 필요합니다. 저는 이 학생을 다음과 같이 도와주겠습니다.

첫째, 학생과 **개인상담**을 실시하겠습니다. "최근에 ○○이 표정이 많이 어두워보여서 선생님이 많이 걱정했어. 혹시 무슨 일 있니?"라며 관심을 표현해주고, 우울한 상황에 놓인 학생을 비난하지 않고 옆에 있어 주는 것입니다. 학생이 자신의 문제에 대해 말할 수 있는 용기를 낼 수 있도록 기다려주겠습니다. 이후 학생이 최근에 어떤 변화가 있었는지 함께 원인을 찾아보는 상담을 하겠습니다.

둘째, 학생이 일상에서 할 수 있는 **마음챙김** 방법을 소개해주겠습니다. 마음챙김이란 있는 그대로 자신의 감정을 알아차리는 것입니다. 그리고 현재 내 마음을 들여다보고 챙겨주는 것입니다. 마음이 무엇인지 알아야 챙길 수 있듯이 학생 또한 일상에서 자신의 감정의 변화를 알아차릴 수 있도록 하는 것이 중요합니다. 자신의 마음을 파악할 수 있도록 명상, 호흡법을 통한 감정 알아차리기, 긍정적인 마음을 이끌어낼 수 있는 방법 등을 이용해보겠습니다.

셋째, **회복탄력성**을 높일 수 있도록 하겠습니다. 회복탄력성은 좌절과 실패에도 일어날 수 있는 힘입니다. 학생의 장점 찾기를 통해 긍정적인 마음을 갖도록 하겠습니다. 그 과정 속에서 격려와 지지를 보여주겠습니다. 사람은 누구나 어떤 일을 해내는 과정 속에서 어려움을 마주하게 됩니다. 그 순간순간을 극복해 나가는 힘이 필요합니다. 자신의 장점을 인식하고 자신을 단단히 뿌리내린다면 역경에도 흔들리지 않는 마음을 가질 수 있을 것입니다. 상담 과정 속에서 연습을 통해 회복탄력성을 높이도록 하겠습니다.

학생의 담임선생님, 교과선생님, 학부모와 지속적으로 소통하여 학생의 변화를 알아차리고 도움을 제공할 수 있도록 하는 것이 중요합니다.

답안 2의 Tip

학생이 최근 감정의 변화가 있었다는 상황입니다. 감정에 초점을 맞추어 상담하고 부정적인 감정을 알아차리고 긍정적인 방법으로 바꿀 수 있도록 힘을 주는 상담 방법을 생각해보았습니다.

26 학급의 한 학생의 어머니가 최근에 돌아가셨습니다. 현재 학생은 어머니의 상실로 인해 슬픔뿐 아니라 불안감을 많이 보이고 있는 상황입니다. 이런 상황에서 상담교사로서 어떻게 도와줄 수 있을지 말해보시오.

> 답안 1

어머니의 상실로 인해 슬픔과 불안감을 보이는 학생에게 다음과 같이 도와주겠습니다.

첫째, 학생과 지속적인 상담을 진행하겠습니다. 어머니의 존재는 학생에게 든든한 지지대이며 학생에게 전부였을 수 있습니다. 어머니께서 돌아가심으로 인해 학생은 큰 충격과 슬픔을 느꼈을 것입니다. 이로 인한 슬픔을 개인상담을 통해 학생이 충분하게 표현할 수 있도록 하여 안정감을 느낄 수 있도록 정서적인 도움을 제공해야 합니다.

둘째, 학생의 지지체계를 점검하고 구축해야 합니다. 학생의 아버지나 친척 등 학생을 보살펴줄 수 있는 가족과 상담하고 학생이 가정에서 어려움을 토로하고 위로받을 수 있도록 하는 것이 중요합니다. 또한 학교 내에서 학급의 학생들과의 관계를 살펴보고 적절하게 도움을 제공할 수 있도록 노력해야 합니다.

셋째, 학생의 감정 상태가 위급하고 전문적인 도움이 필요한 상황이라면 학생이 전문적인 상담과 치료를 받을 수 있도록 관련 기관을 연계해줄 수 있도록 해야 합니다. 교내에 있는 학교 상담실(위클래스), 위센터, 지역상담센터 및 병원을 소개해주고 적절하게 치료받을 수 있도록 하는 것도 중요합니다. 관련 기관 연계 후에는 학생의 상담이 잘 진행되고 있는지 지속적으로 의사소통하면서 협력하는 것이 필요합니다.

답안 1의 Tip

학생이 가족 중 누군가를 잃는다는 것은 일생일대의 슬픔과 아픔입니다. 이러한 위기 상황으로 인해 학생이 슬픔을 폭력적으로 표현하게 하거나 내적으로 자신에게 돌리는 경우도 있습니다. 교사가 학생의 감정에 공감하고 인정해주면서 학생에게 나타날 수 있는 감정적 변화를 주의 깊게 살펴보는 것이 정말 중요합니다. 그러기 위해서는 지속적인 상담이 첫 번째로 가장 중요하며 가족과의 협력과 외부기관 연계가 다음으로 나와야 한다고 생각합니다.

> 답안 2

　현재 학생은 어머니의 상실로 인해 슬픔, 불안감 등을 보이고 있다고 합니다. 저는 상담교사로서 다음과 같은 3가지 도움을 제공하겠습니다.

　첫째, 편안하게 마음을 말할 수 있는 공간을 조성하겠습니다. 애도 상담에서 가장 중요한 것은 감정을 충분히 이야기하는 것이라고 생각합니다. 편안한 음악과 따뜻한 코코아 등을 준비하고 학교에 있는 상담실이라는 이 공간만큼은 학생이 온전히 슬퍼하고 불안해할 수 있는, 그렇게 자신을 드러내도 안전하다고 느껴지는 공간으로 만들도록 하겠습니다.

　둘째, 동화책, 영화, 노래 등을 활용하여 학생이 자연스럽게 감정을 풀어낼 수 있도록 하겠습니다. 처음부터 자신의 감정을 잘 풀어내는 학생들도 있지만 해당 주제에 대해서 이야기하는 것을 거부하거나 금기시하는 학생들도 있습니다. 따라서 학생이 동화책, 영화, 노래 등을 통해 간접적으로 소중한 사람을 잃었을 때 사람들이 겪는 과정들을 살펴보고 생각들을 정리해나갈 수 있도록 하겠습니다.

　셋째, 학생의 보호자, 담임교사와 협력하겠습니다. 학생이 이 위기를 잘 겪고 넘어갈 수 있도록 어떤 도움이 필요한지 보호자와 담임교사와 함께 협력하겠습니다. 보호자에게 학생과 함께 고인을 추억할 수 있는 시간을 가지거나 학생이 편안하게 슬픔을 이야기할 수 있는 환경 조성하기 등 학생에게 어떤 도움이 가정에서 주어지면 좋은지 자문하도록 하겠습니다. 또한 보호자가 정신적으로 큰 어려움을 겪고 있다면 관련하여 도움을 받을 수 있는 곳을 소개하여 학생의 일상이 무너지지 않도록 하겠습니다. 담임교사와는 학생이 교실에서 심한 슬픔, 불안 증세를 보이지는 않는지 이야기하며 학생에게 전문적인 도움이 필요할시 언제든지 연계될 수 있도록 하겠습니다.

저는 다음과 같은 3가지 도움을 통하여 학생이 슬픔 속에서도 일어날 수 있도록 상담교사로서 돕겠습니다.

> **답안 2의 Tip**
>
> 애도 상담의 경우 갑작스러운 죽음인지, 죽음의 형태가 어떠하였는지도 남은 사람들에게 큰 영향을 주는 것 같습니다. 제가 애도 상담에서 가장 중요하게 생각하는 것은 내담자 학생이 감정을 마음껏 표현할 수 있게 도와주는 것입니다. 처음부터 자신의 감정을 잘 풀어내는 학생들도 있지만 해당 주제에 대해서 이야기하는 것을 거부하거나 금기시하는 학생들도 있습니다. 가령 나는 모든 것을 알고 있으니 어서 말을 해보라는 듯한 태도는 오히려 내담자 학생에게 부담과 불편함으로 다가올 수 있습니다. 따라서 편안한 환경에서 무엇보다 학생이 강제받는다고 느끼지 않도록 해야 합니다. 이를 위해서 책이나 영화, 음악 등을 통해 자신의 이야기를 간접적으로 느끼거나 또는 고인을 추억할 수 있는 물건들을 활용하면 좋습니다.

27

학급의 한 학생이 거의 매일 지각을 하고 수업시간에 엎드려 있는 경우가 많다. 최근 온라인 수업에서는 카메라를 끄거나 아예 접속하지 않을 때도 있다. 이 학생처럼 학교생활에 무기력함을 보일 때 어떻게 도와줄 수 있을지 말해보시오.

답안 1

저는 다음과 같은 방법으로 학생을 도와주겠습니다.

첫째, 상담을 통해 학생의 무기력함의 원인을 찾아보겠습니다. 지각을 하고, 수업시간에 엎드려 있는 것은 학생의 생활패턴이 무너졌을 가능성이 매우 높습니다. 특히 온라인 수업이 지속되면서 학생들의 일상생활은 많이 불규칙하게 되었습니다. 이러한 맥락을 고려해서 학생의 일상생활을 점검해보고 어떤 어려움이 있는지 살피겠습니다. 또한 무기력함은 우울감의 또 다른 표현일 수 있습니다. 상담을 통해 학생의 감정 상태는 어떠한지 확인하겠습니다.

둘째, 학생이 일상에서 작은 성공 경험을 할 수 있는 기회를 제공하겠습니다. 학생의 무기력함은 계속된 실패로 인한 좌절 때문에 '나는 아무것도 못해'라고 생각하는 경우가 있습니다. 학생이 아주 사소한 것에서라도 성공 경험을 하고 누군가에게 인정받는 경험이 생긴다면 '나도 할 수 있구나.'라고 생각하게 되며 점차적으로 새로운 과제도 시도해보고, 도전해볼 수 있을 것입니다.

셋째, 학생에게 지속적인 관심을 보여주겠습니다. 또한 반 학생들도 학생에게 관심을 보여줄 수 있도록 함께 이 학생을 걱정하고 응원하는 학급 분위기를 만들겠습니다. 학생이 카메라를 끄거나 온라인 수업에 참여하지 않는 경우에는 반 학생들과 함께 이 학생이 왜 카메라를 껐는지 따뜻한 관심을 가져주고, 수업 활동에 적극적으로 참여할 수 있는 분위기를 만든다면 이 학생도 마음을 열고 자연스럽게 학교생활에 적응할 수 있을 것입니다.

답안 1의 Tip

학생의 무기력함이 지각과 수업 태도로 나타나고 있는 상황입니다. 학생이 이런 태도를 계속 보인다면 선생님들께서도 정말 많이 지치실 것입니다. 하지만 선생님께서 이 학생을 포기하지 않고 지속적으로 애정을 보여주신다면 학생도 서서히 변할 것입니다.

> 답안 2

　코로나19와 함께 교육현장에는 많은 변화가 나타났습니다. 이전과 같은 직접적이고 즉각적인 개입이 어려워진 현재 학교생활에 무기력함을 느끼며 원격수업에서 카메라를 끄거나 접속을 하지 않는 학생에게 저는 다음과 같은 3가지 도움을 상담교사로서 주고 싶습니다.

　첫째, 학생이 무기력함을 느끼게 된 것에 대한 원인을 파악하고 학생의 입장에서 공감해보겠습니다. 온라인 수업이 시작되기 전부터 학생이 거의 매일 지각을 하고 수업시간에 엎드려 있다는 것을 보아 이전부터 무기력감을 가지고 있었음을 알 수 있습니다. 학생이 어떤 것을 어려워하였고, 어떤 것에 무기력을 느끼고 있었는지 학생 입장에서 듣고 생각하며 학생의 힘듦에 공감해보겠습니다. 이를 통하여 학생과 진정성 있는 대화가 이루어질 수 있도록 하겠습니다.

　둘째, 온라인 진로상담을 진행해보겠습니다. 제가 교육 봉사를 하였을 때 진로를 찾게 되자 많은 변화를 보이는 학생들을 보았습니다. 온라인 진로상담을 통하여 학생이 삶의 의미를 발견하고 학교의 필요성에 대해서 느낄 수 있도록 돕겠습니다.

　셋째, 학생이 자신을 성찰할 수 있도록 매일 수업시간 공부일지를 쓰도록 하겠습니다. 오늘 수업은 어떠하였는지, 무엇을 배우고 자신은 어떻게 생각하였는지 3~4줄로 짧지만 매일매일 적을 수 있도록 하여 적어도 하루에 한 가지씩은 배움에 의미를 찾을 수 있도록 하고 싶습니다.

　저는 다음과 같은 3가지 도움으로 코로나19와 같은 위기 상황에서도 교육이 지속될 수 있도록 발 빠르게 대처할 수 있는 상담교사가 되겠습니다.

 답안 2의 Tip

코로나19가 나타나며 교육현장은 많은 변화를 겪게 되었습니다. 상담교사로서 무엇을 할 수 있을지, 학생들에게는 어떤 도움이 필요한지 생각해보면 좋겠습니다. 미리 이러한 것들을 고민해본다면 실제로 학생들에게 이런 도움을 주고 싶다는 좀 더 진정성 담긴 답변을 할 수 있지 않을까 생각합니다. 또한 앞에서도 계속 말하였지만 중간중간 자신의 경험을 덧붙여주면 훨씬 풍부한 답변이 될 수 있습니다.

위기사안

제4편

상담교사가 알려주는 면접 에센스:
50문 100답

상담교사가 알려주는 면접 에센스:
50문 100답

학교폭력, 사이버폭력

28 학교 온라인 학급게시판에 익명의 누군가가 학생A에 대한 욕설을 적어두었습니다. 해당 학급의 추가적인 사이버폭력 발생을 예방하고 학급의 치유와 회복을 위한 교육을 의뢰받았을 때 상담교사로서 어떤 프로그램을 진행할 것인지 말해보시오.

답안1

학생들에게 온라인 매체는 뗄 수 없는 부분인 만큼 사이버폭력 예방교육의 중요성도 높아지고 있습니다. 학급에서 실시할 수 있는 사이버폭력 예방교육으로 '함께 만드는 행복한 사이버 공간'이라는 주제로 미술치료 집단활동을 실시할 것입니다.

먼저 학생들에게 사이버폭력과 관련된 미술치료를 실시할 것이라고 소개하고 익명의 누군가가 욕설을 적어놓은 상황과 관련된 영상을 보여주면서 동기를 유발하겠습니다. 동영상을 통해서 학생들이 느끼는 감정을 솔직하게 나누어보게 합니다. 실제 상황과 똑같은 내용이 아니더라도 비슷한 상황을 제시한다면 학급 학생들이 실제 일어났던 일에 대해 떠올리게 될 것입니다. 실제 학급 온라인 게시판에서 일어난 일인 만큼 누군가를 비난하거나 토론이 너무 격해지지 않도록 교사가 잘 이끄는 것이 중요할 것입니다.

다음으로 학생들과 조를 나누어 사이버폭력에 대한 생각을 자유롭게 나누도록 합니다. '사이버폭력'하면 떠오르는 이미지를 머릿속으로 그려보고 토론해보는 것도 좋습니다. 이후 사용할 미술재료를 소개하고, 일정한 비율로 나눈 도화지를 각 조원들에게 배부합니다. 조원들은 주제에 맞게 각자 원하는 그림을 그립니다.

마지막으로 조원들끼리 각자 그린 그림을 한곳에 모아 하나의 작품으로 다시 새롭게 만드는 작업을 하게 합니다. 각자 그린 그림이 하나의 작품으로 완성되면서 조원들과 공동체 의식을 함양할 수 있고, 더 창의적으로 사고의 폭을 넓힐 수 있습니다. 이렇게 미술재료를 이용하여 사이버폭력에 대해 자신이 직접 표현해보면서 자신이 느끼는 감정과 생각을 나누고, 사이버상에서 일어난 폭력도 중요하게 다루어야 할 문제 상황이라는 것을 교육하게 되는 효과가 있을 것입니다.

답안 1의 Tip

학생들이 실제로 겪은 사이버폭력을 학급에서 다루는 것이 쉽지는 않을 것입니다. 학생들이 자신의 의견을 내기 쉽지 않은 상황이기 때문에 미술치료를 접목하여 학생들이 미술재료를 사용하여 사이버폭력이라는 주제에 친숙하게 다가가게 하려고 하였습니다. 자유롭게 그림을 그리며 자신의 생각을 표현할 수 있도록 만드는 것이 중요하다고 생각했습니다.

> 답안 2

저는 다음과 같은 사안에서는 3가지가 중요하다고 생각합니다. 첫째, 사이버폭력이 다시 일어나지 않도록 재발을 방지하는 것. 둘째, 학생들에게 사이버폭력의 심각성을 알 수 있도록 하는 것. 셋째, 동시에 피해를 입은 학생이 목소리를 낼 수 있도록 하는 치유의 과정이 포함되는 것. 저는 이 3가지를 담은 공감능력을 향상시킬 수 있는 사이버폭력을 주제로 한 연극 프로그램을 진행해보겠습니다.

학교폭력을 예방하기 위해 가장 필요한 것이 공감을 하는 능력이라고 합니다. 저는 이전에 대학 수업에서 학교폭력 가해자 학생들을 대상으로 한 사이코드라마 프로그램을 만들며 다른 사람의 목소리를 듣고 그 입장에서 생각을 해보는 것이 정말 중요하다는 것을 느꼈습니다. 이런 저의 경험을 활용하여 학생들이 사이버폭력의 심각성에 대해서 직접 느끼고 피해자의 목소리를 직접 들어보며 피해자의 마음을 헤아릴 수 있도록 연극을 활용한 예방교육을 하고 싶습니다.

사이버폭력을 각본으로 한 연극을 통해 모든 학생들이 피해자에 대한 경험을 직·간접적으로 해보며 피해자 학생을 포함하여 다른 학생들도 피해자의 입장에서 목소리를 내보는 경험을 통해 피해자 학생에게는 치유의 효과가 그리고 나머지 학생에게는 사이버폭력에 대한 경각심을 높일 수 있다고 생각합니다. 또한 연극을 끝낸 후 학생들이 소감문을 써보며 느낀 점을 다른 학생들과 나누어보는 시간을 가질 수 있도록 하여 학급에서 다시는 사이버폭력이 발생하지 않도록 예방교육을 진행하겠습니다.

답안 2의 Tip

여기에서 활용한 사이코드라마, 연극 프로그램은 주제 바꾸기를 통해 다양한 문제에서 사용할 수 있는 답안 중 하나라고 생각합니다. 어떤 프로그램을 진행할지에 대해서는 학생들이 어떤 것을 필요로 하는지를 역으로 질문해보는 것이 필요하다고 생각합니다. 사이버폭력이 발생한 반에 학생들이 어떤 것을 필요로 할지, 나의 경험 중 활용할 만한 것은 없는지 고민하다보면 자신의 스토리를 담은 수업을 진행할 수 있지 않을까 생각합니다.

29 학급에서 학교폭력 사건이 발생하였습니다. 이때 가해자 학생과 피해자 학생의 관계회복을 위해 어떻게 개입할 것인지 두 학생을 대상으로 회복 프로그램을 구상하고 설명해보시오.

답안 1

두 학생의 관계회복을 위해 '참 만남 대화' 프로그램을 실시하겠습니다. 학교폭력 사건으로 인해 피해자 학생과 가해자 학생 모두 상처를 가지고 있습니다. 피해자 학생의 경우 폭력에 의한 상처와 고통이 있을 것이고, 가해자 학생의 경우 자신의 잘못으로 인한 비난과 처벌의 두려움이 있을 것입니다. 두 학생 모두 행복한 학교생활을 하려면 관계회복이 중요합니다. 학생이 자신의 속마음을 터놓고 깊은 대화를 할 수 있도록 두 학생 사이에 간이 벽을 마련한 상담부스를 만들어 서로의 목소리만 들으면서 교사가 제시하는 질문에 답하고 활동하는 시간을 갖게 하겠습니다. 처음엔 벽이 존재하여 상대방이 보이지 않는 상태에서 안정감을 갖고 자신의 의견과 감정을 표출하게 하겠습니다. '왜 그런 행동을 했는지', '그때 감정은 어떠했는지' 질문하고 답하도록 하는 것입니다. 그런 과정 속에서 학생들이 점차적으로 벽을 낮추면서 서로의 간격을 좁혀갈 수 있도록 촉진하고 마지막에는 서로를 바라보고 두 손을 잡으며 서로를 이해하게 하겠습니다. 이를 통해 가해자 학생에게는 자신의 잘못을 스스로 생각해보고 상대방에게 직접 사과할 수 있는 기회를 제공하고, 피해자 학생에게는 정신적 상처가 회복될 수 있도록 하겠습니다.

답안 1의 Tip

학교폭력 사건이 발생하면 가해자와 피해자로 나뉘고 이때 가해자의 처벌에 초점을 맞출 때가 있습니다. 하지만 처벌에만 초점을 맞추면 더 중요한 것을 보지 못하는 경우가 많습니다. 학교폭력 사건 이후 더 중요한 것은 가해자에게도 자신의 행동에 대해 표현할 기회를 주고 자신의 잘못에 대해 진정성 있게 생각해보고 사과할 기회를 주어 학교폭력이 재발하지 않도록 하는 것입니다.

(답안 2)

저는 학교폭력 가해자, 피해자 학생의 관계회복을 위해 상담교사로서 숲상담을 활용한 회복 프로그램을 구상해보겠습니다. 저는 노르웨이에 교환학생을 갔다 온 경험이 있는데 거기에서 숲상담을 경험했었습니다. 숲상담 프로그램을 진행했을 때 크게 3가지 장점이 있다고 생각합니다.

첫째, 숲에서 상담을 했을 때 학생들은 더 긴장이 이완되고 훨씬 자유로운 상태에서 이야기를 나눌 수 있습니다. 학교폭력은 기본적으로 서로에 대한 이해와 신뢰가 부족하여 일어난다고 생각합니다. 학생들 간에 유대감을 향상시켜주고 서로의 입장에서 생각해보는 대화의 시간을 가질 수 있도록 하겠습니다. 피해자 학생이 충분히 자신의 목소리를 낼 수 있도록 하며 학교와 친구들을 다시 신뢰할 수 있도록 그 치유과정에 함께하도록 하겠습니다.

둘째, 학교에서 벗어난 공간에서 이야기함으로써 새롭게 관계를 정립할 수 있습니다. 새로운 장소를 학생들에게 제시함을 통해 기존의 관계에 마침표를 찍고 새로운 관계를 맺을 수 있도록 할 수 있습니다.

셋째, 교사주도가 아닌 학생주도의 관계회복이 일어날 수 있습니다. 강제적인 화해는 피해학생의 상처에 소금을 뿌리는 일이라고 생각합니다. 숲상담 프로그램을 통해 교사주도가 아닌 학생들이 스스로 주도하여 서로를 이해하며 공감하는 과정을 통해 자연스럽게 관계회복이 이루어지는 것을 도울 수 있습니다. 저 또한 이때 학생들의 대화를 판단 없이 들으며 대화를 주도하지 않도록 주의하겠습니다.

> **답안 2의 Tip**
>
> 저는 숲상담도 집단상담과 마찬가지로 여러 번 활용이 가능한 만능 답안으로 사용했습니다. 앞에서는 숲상담을 여러 가지 답변들 중 하나로 사용을 했었는데 여기에서는 프로그램으로 만들어 보았습니다. 이렇게 자신만의 스토리를 담은 활동들이 무엇이 있는지 고민해 본 다음 여러 가지 답변에서 만능 답안으로 활용할 수 있다면 좋을 것 같습니다.

30 학급에서 학생들 사이에서 따돌림이 발생하였습니다. 전체 학급을 대상으로 어떤 상담과 교육을 실시할 수 있을지 말해보시오.

> 답안1

학교폭력 사건 중에 따돌림은 여러 명의 가해자가 집단을 이루어서 어떤 특정한 학생을 괴롭히거나 소외시키는 것입니다. 특히 학급에서 따돌림이 발생했다는 것은 공개적인 장소에서 특정 학생을 괴롭히면서 방관자 학생도 존재하는 것입니다. 그렇기 때문에 전체 학급을 대상으로 교육이 이루어지는 것은 필수라고 생각합니다.

저는 전체 학급 학생들과 집단상담을 진행해보겠습니다. 익명의 형태로 따돌림 사건에 대한 자신의 생각과 감정을 글로 써보게 하고 교사가 하나씩 무작위로 뽑아 읽어보는 것입니다. 글을 쓴 사람이 누군지 모르는 상태에서 서로의 감정을 파악할 수 있고, 누군가가 자신을 비난하지 않을지에 대한 걱정도 덜 수 있어서 학생들이 더욱 솔직하게 표현할 수 있을 것입니다. 가해자, 피해자, 방관자 모두가 자신을 드러내면서 자신의 감정과 상처를 표현하기는 힘들 것입니다. 교사가 집단의 리더가 되어서 학생들이 모두 안전하게 자신을 드러내고 열린 대화를 주고받으며 집단 내에서 치유되고 위로받을 수 있도록 잘 이끌어야 할 것입니다. 이후에 다 함께 따돌림이 다시 일어나지 않도록 학생들과 함께 규칙도 세우고 학교폭력에 대한 교육도 실시하면 더욱 효과적일 것이라 생각합니다.

학급에서 어려운 일이 발생하였을 때 학생들이 소통하면서 서로의 감정에 공감하고 어루만질 수 있도록 기회를 제공하는 것이 중요하다고 생각합니다. 따라서 저는 집단상담을 통해 학생들이 서로의 진실된 마음을 알 수 있게 하겠습니다.

답안 1의 Tip

따돌림은 1:1로 일어나는 폭력과는 형태가 다릅니다. 다수와 특정인이 가해자와 피해자가 됩니다. 이 와중에 방관자도 있다는 것을 기억하고 학급 내에서 모든 학생이 자신의 감정, 의도, 상처를 드러낼 수 있도록 촉진해야 합니다. 학급 내에서 함께 치유되고 다시 이런 사건이 재발하지 않도록 하는 것이 중요할 것 같습니다.

> 답안 2

따돌림이 발생하는 경우 흔히 가해자와 피해자에게 초점이 맞추어지지만 사실 굉장히 큰 비중을 차지하는 또 다른 학생들이 있습니다. 바로 방관하였던 학생들입니다. 방관자 학생들은 상관없어 보일지 모르지만 이들 또한 학급에서 진행되는 학교폭력을 목격하며 죄책감, 불안, 스트레스를 가지게 됩니다. 이렇듯이 학교폭력은 사실 학급에 있는 학생 모두가 관련이 있습니다. 따라서 저는 상담교사로서 학급에서 일어난 따돌림에 대해서 진행할 수 있는 상담과 교육을 각각 한 가지씩 제시하여 보겠습니다.

먼저 상담에 대해서는 **학급을 대상으로 소규모로 나누어 치유의 대화를 나눌 수 있는 집단상담을 진행하겠습니다.** 학교폭력은 기본적으로 서로에 대한 이해와 신뢰가 부족하여 나타난다고 합니다. 저는 학급의 학생들을 6~7명으로 나누고 지금 마음은 어떤지, 후회가 되거나 바꾸고 싶은 것들이 있는지, 이런 상황에서는 어떻게 하면 더 좋았을지, 앞으로는 어떻게 해야 할지 돌아가며 대화를 나누어볼 수 있도록 하겠습니다. 이런 진솔한 대화들을 통해 유대감을 쌓고 학교폭력이 재발되는 것을 막을 수 있도록 하겠습니다.

다음으로 방관자 학생들을 방어자로 바꿀 수 있는 교육을 진행하겠습니다. 왜 학교폭력에 방어자가 되는 것이 중요한지, 내가 용기를 내는 것이 얼마나 큰 변화를 만들어낼 수 있는지 학생들에게 교육하겠습니다. 또한 학교폭력에 대해 우리들이 가지고 있는 책임에 대해서 이야기를 나누어 학급 분위기를 바꿀 수 있도록 하겠습니다.

저는 다음과 같은 상담과 교육을 통하여 미처 사안을 알지 못했던 저를 되돌아보고 **책임감을 가지며 학생들이 교육을 통해 성장할 수 있도록 하겠습니다.** 한번 발생한 일은 모든 학생의 마음속에 남아 버리기 때문에 예방교육이 중요합니다. 저는 학교에 그 어떤 폭력도 일어나지 않도록 상담교사로서 예방교육에 신경 쓰고 발생한 사건들에 대해서는 책임감을 느끼며 학생들을 교육적인 방향으로 다시 지도하도록 하겠습니다.

답안 2의 Tip

저는 학교폭력에 관련된 부분에서는 폭력이 절대로 일어나지 않도록 교사로서 노력할 여러분의 포부를 보여주는 것도 좋다고 생각합니다. 또한 발생된 사안에 대해서 교사로서 가져야 하는 책임감에 대해서도 생각해볼 만한 문제인 것 같습니다. 상담에 대해서는 제가 앞서 활용했던 사이코드라마, 역할극, 숲상담 모두 여기에서 한 번 더 활용이 가능합니다.

31 교내에서 학교폭력을 예방하기 위해 교사들이 어떤 노력을 할 수 있을지 말해보시오.

답안 1

학교폭력을 예방하기 위해 저는 다음과 같은 노력을 하겠습니다.

첫째, 학기 초에 학교폭력 예방주간을 운영하여 교육과정 내에서 학교폭력과 관련된 교육이 이루어지도록 하겠습니다. 예방주간에는 학생뿐만 아니라 교사, 학부모 대상으로도 학교폭력에 대한 교육을 하여 교육의 3주체가 모두 학교폭력 예방을 실천할 수 있도록 하겠습니다.

둘째, 아침 등교시간, 점심시간 등을 이용해 학생들이 직접 학교폭력과 관련된 캠페인 활동을 할 수 있도록 하겠습니다. '학교폭력 바로 알기 캠페인'과 같은 주제로 게시물을 함께 만들어보거나 전체 학년을 대상으로 어떤 가상의 사례에 대해 응원 댓글을 달아보는 활동 등을 하게 된다면 학생들이 학교폭력 예방에 자연스럽게 관심을 갖고 깊이 생각해보는 기회가 될 수 있습니다.

셋째, 학교폭력과 관련된 연극, 공연 등을 관람하거나 직접 역할극을 해보는 체험형 예방교육을 실시하겠습니다. 연극이나 뮤지컬 공연과 같은 예술 활동은 학생들의 흥미를 유발하고 관심을 갖게 하는 장점이 있습니다. 다소 무거운 학교폭력이라는 주제이지만 공연의 형태로 친숙하게 학생들에게 다가간다면 학생들도 일상에서 예방을 실천할 수 있을 것입니다. 이어서 같은 주제로 직접 역할극을 해본다면 타인의 마음을 깊이 이해해볼 수 있을 것입니다.

답안 1의 Tip

학교현장에서 실제로 하고 있는 학교폭력 예방교육을 찾아보면 좋은 답변이 될 수 있을 것 같습니다. 시책이나 교육 활동집을 찾아보면 다양한 학교폭력 예방교육을 실시하고 있습니다.

> 답안 2

　학교폭력은 한번 벌어지고 나서는 많은 사람들에게 상처를 남기기 때문에 너무 늦습니다. 따라서 학교폭력 예방교육은 굉장히 중요한 의미를 가지고 있습니다. 저는 교내 학교폭력을 예방하기 위해 교사들이 할 수 있는 노력 3가지를 말씀드리고 싶습니다.
　첫째, 학생참여형 학교폭력 예방주간 만들기입니다. 평상시의 학교폭력 예방주간에는 교사주도 또는 소수의 학급임원들이 주도하는 행사로 끝이 나는 경우가 많습니다. 학교폭력에 대한 학교의 분위기가 정말로 변화하기 위해서는 전교생 모두가 참여할 수 있는, 그리고 교사가 주도하지 않고 학생이 주도하는 형태가 되어야 한다고 생각합니다. 이를 위해 교사들은 학생들이 참여할 수 있는 학교폭력 예방주간으로 만드는 것이 필요하다고 생각합니다.
　둘째, 방관자를 개입자로 키워낼 수 있는 학교폭력교육 실시하기입니다. 학교폭력은 흔히 가해자와 피해자로 나누어지지만 방관자라는 하나의 그룹이 더 있습니다. 이 방관자는 피해자와 가해자를 합한 숫자보다 많은 다수의 학생들이 해당됩니다. 학교폭력은 아무도 신고하지 않을 것이라는 사각지대에서 많이 일어나는데 교사는 방관자가 개입자로 변할 수 있는 교육을 진행하여 이런 사각지대를 줄일 수 있도록 해야 합니다. 저는 또래상담반 학생들을 활용하여 빠르게 학교폭력에 대한 징후를 발견하고 학생들이 앞장서서 학교폭력을 근절할 수 있도록 노력하겠습니다.
　셋째, 교사가 모여 학교폭력에 대한 교원학습공동체를 구성하는 것입니다. 학교폭력 담당교사만 고민을 하는 것이 아니라 교사 전체가 학습공동체를 통해 꾸준히 고민하고 학교폭력 예방의 중요성과 각자가 생각하는 효과적인 학교폭력 예방 방안에 대해서 공유하는등의 노력을 통해 학교의 분위기를 바꿀 수 있다고 생각합니다.

🏫 답안 2의 Tip

학교폭력 예방을 위해서 학생, 학부모, 교사 3주체가 어떤 노력을 해야 하는지 고민이 필요합니다. 해당 문제에서는 교사에 대해서 물어보고 있지만 나머지 학생과 학부모 차원에서도 어떤 것들이 가능할지 생각해보면 좋을 것 같습니다. 중간중간 자신의 교과에서는 또 어떻게 할 수 있을지도 함께 고민하여 넣는다면 더욱 좋은 답변이 되지 않을까 합니다.

32 학생A는 이전의 학교폭력 경험으로 인해 학교생활에 불안이 크고 친구관계에 대해 회의적인 태도를 보이고 있습니다. 새로운 친구관계를 만드는 것을 두려워하는 학생A에게 어떻게 도움을 제공할 수 있을지 말해보시오.

> 답안 1

학생에게 학교폭력 경험은 이후 행동과 감정에 큰 변화를 안겨줍니다. 이전의 학교폭력 경험으로 친구관계에 불안함을 보이는 학생A을 돕기 위해서 다음과 같은 방법으로 상담하겠습니다.

첫째, 학생의 현재 학교생활을 종합적이고 입체적으로 살펴보아 **불안한 상태를 다뤄주어야** 합니다. 학생의 불안이 행동으로 나타나는 것은 아닌지 정서와 감각의 상태는 어떠한지 범주별로 학생의 상태를 이해할 수 있어야 합니다. 불안에 대한 정확한 분석과 이해를 통해 그에 맞는 적절한 방법을 찾을 수 있을 것입니다. 만약 학생이 대인관계를 맺는 상황에서 불안의 정도가 크다면 먼저 불안을 낮출 수 있도록 그에 맞는 상담을 제공해야 합니다.

둘째, **좋은 친구관계를 경험할 수 있는 기회를 제공해야** 합니다. 학교폭력으로 인해 친구관계에 회의감을 갖게 되고 부정적으로 생각하고 있지만 내적으로는 친구를 사귀고 싶고 또래 속에서 수용받고 싶은 욕구가 있을 것입니다. 이러한 양가감정이 존재하지만 학생은 학교폭력의 상처로 인해 앞으로의 관계를 부정적으로 보고 있을 가능성이 있습니다. 학생이 학급에서 좋은 관계를 형성할 수 있도록 담임선생님과 협력해야 할 것입니다. 소수의 친구와 친해지는 것으로 시작해 점차적으로 다수의 친구들과 좋은 관계를 경험할 수 있도록 해야 합니다.

셋째, **정서적 안정을 위한 상담과 인지적인 치료를 병행해야** 합니다. 학생은 학교폭력 피해로 인해 인지적 왜곡이 있을 수 있습니다. '친구들은 다 나쁜 사람이야', '이 세상에 믿을만한 친구는 존재하지 않아'와 같은 왜곡된 사고를 하고 있을 것입니다. 상담을 통해 학생의 감정을 인정해주고 공감해주면서 동시에 학생의 왜곡된 인지를 합리적 사고로 바꿀 수 있는 연습을 해보면 도움이 될 것입니다.

답안 1의 Tip

학교폭력과 관련해 피해자들에게 인지, 정서, 행동적인 상담과 치료가 정말 필요합니다. 문제에서 제시한 1) 학생의 불안, 2) 회의적 태도, 3) 새로운 친구관계 형성에 대한 두려움이라는 세 가지 키워드를 가지고 각각 어떻게 도움을 줄 수 있는지 생각하면 좋을 것 같습니다.

(답안 2)

학교폭력에 대한 경험은 어른이 되어서도 쉽게 잊히지 않는다고 합니다. 이전의 학교에서 학교폭력을 경험하여 새로운 친구관계를 만드는 것을 두려워하는 학생A에게 저는 상담교사로서 3가지 도움을 주고 싶습니다.

첫째, 학생의 두려움에 공감하겠습니다. 학생에게 문제가 있거나 학생이 약해서가 아니라 학교폭력 피해를 받은 많은 학생들이 이러한 어려움을 가지고 있으며 이것도 치유과정 중 하나라는 것을 알려주고 싶습니다. 그리고 불안하거나 힘이 들 땐 언제든지 상담실에 와서 선생님과 함께 이야기할 수 있으며 지금 당장 변하지 않아도 하나씩, 조금씩 오늘보다 내일 더 나아지면 된다는 이야기를 해주고 학생이 자신의 상황과 변화를 조금씩 받아들이며 변화가 나타날 수 있도록 상담실은 그 기간 동안 학생의 보금자리로서 역할을 하겠습니다.

둘째, 학생에게 또래상담반에 가입하는 것을 권유해보겠습니다. 학생이 두려움을 이겨내기 위해서는 때로는 두려움과 마주하는 것도 중요하다고 생각합니다. 학생이 또래상담반에 들어올 수 있도록 하여 또래상담원으로서 자연스럽게 많은 학생들과 대화를 할 수 있는 기회를 주도록 하겠습니다. 또한 이 과정에서 학교 친구들과 대화를 통해 친구관계에 대한 신뢰관계를 회복하고 대화를 통한 치유가 나타날 것을 기대할 수 있다고 생각합니다.

셋째, REBT기법을 활용하여 학생이 가진 두려움을 반박하는 방법을 알려주고 함께 시연해보겠습니다. REBT는 인지기법의 하나로 학생이 가지고 있는 잘못된 인지적 오류를 찾아 스스로 두려움으로부터 탈출할 수 있도록 도와줍니다. 학생이 이러한 생각을 하는 것이 현실적인지, 이런 생각을 하는 것이 나에게 어떤 도움을 주는지, 정말 학생이 생각하는 두려운 상황이 일어날 확률은 얼마나 될지 등 자신의 생각을 스스로 점검하고 이를 통해 학생이 가지고 있는 생각들이 오류를 가지고 있다는 것을 알려주도록 하겠습니다. 학생이 상담실을 방문할 수 없는 상황이나 혼자 있는 상황에서 두려움을 마주할 때 유용하게 사용될 것이라고 생각합니다.

답안 2의 Tip

피해자 학생이 전학을 온 경우 자신 때문에 많은 사람이 고생을 한다며 죄책감을 가지는 경우가 있습니다. 피해학생이 불안과 두려움을 호소하는 것은 당연한 치유의 과정입니다. 학생이 이 불안과 두려움을 잘 이겨낼 수 있도록 꾸준히 학생에게 안정감을 주는 것이 중요합니다. 이 학교에서는 학생에게 나쁜 일이 일어나지 않을 것이며 선생님들과 친구들이 너를 지켜줄 것이라는 말을 꾸준히 해주며 서두르지 않고 시간을 가지고 진행해야 합니다.

33 학교폭력 가해학생에 대해 학교폭력 재발방지를 위해 상담을 의뢰받았다. 학생 성장의 측면에서 어떻게 상담할 수 있을지 말해보시오.

답안 1

저는 학교폭력 가해학생을 다음과 같이 상담하겠습니다.

첫째, 학생의 처벌에 초점을 두기보다는 학생의 내면을 탐색해보는 상담을 진행하겠습니다. 모든 일에는 원인과 이유가 존재합니다. 학생이 가해자가 된 이유와 욕구를 탐색하겠습니다. 또한 학생의 이유에 대해 공감해주고 수용해주겠습니다. 학생 스스로가 이해받는다고 느낀다면 학생도 타인을 이해할 수 있는 마음의 공간이 생길 것이라고 생각합니다.

둘째, 학생이 자신의 잘못에 대해 다시 생각해보고, 진심으로 뉘우치고 상대방에게 사과를 할 수 있도록 격려하겠습니다. 학생이 자신의 잘못에 대해서 방어적인 태도를 보일 수도 있습니다. 학생이 마음을 열어 자신의 지난 행동을 직면할 수 있게끔 돕겠습니다. 자신의 잘못에 대해 인정하고 사과하여 학교생활을 지속하고 적응할 수 있도록 하겠습니다.

셋째, 학교폭력 가해자 학생은 앞으로 자신이 받게 될 처벌과 비난을 걱정하게 되고 미래에 대해 암울하게 생각하는 경우가 많습니다. 자신의 미래를 긍정적으로 그려볼 수 있도록 회복의 시간을 마련하겠습니다. 과거에 잘못을 했지만 그것을 극복하고 성공적으로 성장한 사례 등을 보여주고, 학생의 장점을 찾아보는 활동을 통해 자존감과 자신감을 높일 수 있는 상담을 하겠습니다.

답안 1의 Tip

잘못을 저지른 사람의 '잘못'에만 초점을 둔다면 우리는 그 '사람'의 내면을 보지 못하게 됩니다. '쟤는 원래 문제아야.'와 같은 생각보다는 왜 그 아이가 문제를 저지르게 되었는지 살펴볼 필요가 있습니다. 그 속에는 결핍된 애정이 있을 수도 있고, 무관심, 사회의 문제 등 여러 가지가 있을 수 있습니다. 그 아이를 보듬어 줄 수 있는 태도도 중요합니다.

> 답안 2

학교는 사법기관이 아닌 교육기관입니다. 저는 가해학생의 가해사실에 대해서는 단호하고 엄격한 자세를 유지하지만 교육적인 기회를 통해 학생에게 한 번 더 기회를 주는 것이 필요하다고 생각합니다. 학생이 사회로 나가 완전히 잘못된 길을 걸어가기 전에 이렇게 나에게 온 것이 정말 감사하다 생각하고 책임감을 가지고 학생이 다시는 잘못된 길을 걸어가지 않도록, 피해학생에게 진심으로 반성의 마음을 가질 수 있도록 학생을 성장시키겠습니다. 저는 이를 위하여 다음과 같은 3가지 방식을 통해 학생의 성장의 측면에서 상담을 진행하겠습니다.

첫째, 학생이 가지고 있는 잘못된 신념을 고치겠습니다. 학교폭력이 발생하게 된 원인을 학생의 사고과정에서 발견해보겠습니다. 가령 '폭력으로 해결해야 한다.', '아무도 나를 무시할 수 없도록 해야 한다.', '누군가 괴롭히는 것을 통해 내가 더 우월함을 느낀다.' 등 학생이 가지고 있는 잘못된 신념을 바로잡아 잘못된 행동으로 이어지지 않도록 학생을 성장시키는 교육을 하겠습니다.

둘째, 공감학습을 시키겠습니다. 학교폭력이 발생하는 가장 큰 이유는 공감의 부족이라는 연구 결과가 있습니다. 같은 행동을 하더라도 다른 사람의 입장에서 생각하고 행하는 것과 다른 사람의 입장을 생각하지 않고 행하는 것에는 큰 차이가 있습니다. 공감학습을 통해 학생이 다른 사람의 입장에서 생각하고 마음을 이해할 수 있도록 성장시키겠습니다. 마지막으로는 학생이 자신의 가해사실을 다시 생각해보며 피해학생의 마음이 어떠했을지 생각한 후 진심으로 반성의 마음을 가질 수 있도록 하겠습니다.

셋째, 봉사 활동을 통해 선한 행동의 중요성을 느낄 수 있도록 하겠습니다. 사랑은 받는 것보다 주는 것이 더 행복하다고 합니다. 학생이 봉사 활동을 통해 자신도 타인에게 선한 영향력을 행사할 수 있는 사람이며 이것이 굉장히 큰 기쁨을 준다는 것을 알 수 있도록 하겠습니다. 학생이 이번 사건을 통해 앞으로는 학교폭력의 가해자가 아니라 방어자로서 살아갈 수 있도록 성장시키겠습니다.

> **답안 2의 Tip**
>
> 학교폭력 가해자 학생이 이전에는 피해자였던 경우를 몇 번 본 적이 있습니다. 학교폭력 가해학생에 대해 많은 편견을 가질 수 있지만 학생을 판단하지 않고 편견으로 대하지 않는 것이 굉장히 중요합니다. 학교는 사법기관이 아닌 교육기관이라는 것을 생각했을 때 학교에서는 학생의 성장에 초점을 맞추어서 교육적인 가르침을 통해 한 번 더 변화의 기회를 줄 수 있어야 한다고 생각합니다. 물론 학생이 바른 길을 걸어갈 수 있도록 가해사실에 대해서는 엄하고 단호한 태도를 유지해야 합니다.

34 학생A는 자신의 친구인 학생B가 같은 학급 학생들로 이루어진 단체 채팅방에서 학교폭력을 당하고 있다는 사실을 알게 되었다. 학생A는 즉시 이러한 사실을 담임교사에게 알렸다. 이후 친구A는 다른 친구들로부터 보복을 당할까봐 불안해하고 있다. 담임교사로서 학생A를 어떻게 상담하고 도움을 제공할 수 있을지 말해보시오.

답안1

학교폭력을 당하는 친구를 본 학생A가 불안해하는 상황에서 학생A에게 도움을 주기 위해 다음과 같이 상담하겠습니다.

첫째, 학생이 보복을 당할 것이라는 불안감에 대해 공감하겠습니다. 누구나 이런 상황에서 불안감을 가질 수 있다고 이야기해주며 감정을 수용해주겠습니다. 학생이 많이 불안해한다면 불안을 낮출 수 있도록 심호흡을 하게 하고 학생 곁에서 안정을 취할 수 있도록 하겠습니다.

둘째, 학생에게 불안감에도 불구하고 용기를 내어 말해준 것에 대해 칭찬을 하고 학교폭력 신고에 대해 익명을 보장해 주겠습니다. 신고를 했을 시에 자신이 신고했다는 사실이 밝혀질까 봐 두렵고 이로 인해 다른 친구들에게 보복을 당할까 봐 불안해하는 상황입니다. 어려운 상황에서 신고를 했다는 사실에 칭찬을 해주고, 익명을 보장해주며 신고 이후 절차에 대해 구체적으로 알려준다면 학생의 불안감을 줄일 수 있을 것입니다.

셋째, 학교폭력 사건이 해결될 것이라는 믿음을 주겠습니다. 학생은 어려운 상황에도 불구하고 담임교사에게 이 사실을 알렸습니다. 학생 또한 학교폭력 사건이 꼭 해결되기를 바라는 감정이 내면에 존재할 것입니다. 누군가의 신고로 폭력사건이 해결된 사례들을 이야기해주겠습니다. 반드시 해결될 수 있다는 믿음을 심어주는 것이 학생의 불안감을 낮추는 데 도움이 될 것입니다.

답안 1의 Tip

사이버상에서 발생한 폭력은 교사가 발견하기가 어렵습니다. 익명의 제보자가 꼭 필요하다는 사실을 강조하며 용기 내어 신고해 준 학생을 격려하고 이 학생이 안정감을 가질 수 있도록 도움을 줘야 할 것입니다.

> 답안 2

　　학교폭력을 신고한다는 것은 굉장히 큰 용기를 구하는 일입니다. 학생의 이런 용기 있는 선택이 절대 후회가 되지 않도록 담임교사로서 다음과 같은 3가지 방식으로 상담을 하겠습니다.

　　첫째, ==학생의 용기 있는 행동에 대한 지지와 신변보호==를 하겠습니다. 이것을 통해 학생을 안심시키고 모든 것이 바르게 처리될 것이라는 믿음을 주도록 하겠습니다. 또한 해당 사안에 대한 보복이 일어나지 않도록 신고학생에 대한 비밀유지와 학생지도에 최선을 다하겠습니다.

　　둘째, ==학생A와 협력관계를 구축==하겠습니다. 학생A와 협력을 통해 피해학생의 상태파악을 하고 성급하게 사안을 판단하지 않고 사실을 객관적으로 파악하겠습니다. 또한 다른 목격학생이 있는지 파악하여 필요하다면 학급에 대한 지도가 이루어질 수 있도록 하겠습니다.

　　셋째, ==학급자치회의==를 열도록 하겠습니다. 학급 단체 채팅방에서 발생하였다면 학생A뿐만 아니라 피해학생 그리고 다른 학생들도 해당 사안을 인지하고 있다고 생각합니다. 저는 담임교사로서 학급의 어떤 폭력도 용인될 수 없다는 것을 알리고 학급자치회의를 통해 학생들이 스스로 반성하며 해당 사안에 대해 깊은 성찰을 할 수 있도록 하겠습니다. 또한 전체 학생과 개인상담을 하며 학교폭력에 대한 불안을 가지고 있는 학생들에게는 최대한 빠른 정서적인 안정이 찾아올 수 있도록 돕겠습니다.

답안 2의 Tip

용기를 낸 학생을 위해서라도 해당 사안이 바르게 처리되는 것을 학생들에게 보여주는 것은 굉장히 중요하다고 생각합니다. 단체 채팅방에서 이루어졌다면 대부분의 학생들이 방관자로 여기에 참여해 있다고 생각할 수 있습니다. 학급교육과 자치회의를 통해 학생들이 피해자의 목소리를 충분히 듣고 반성할 수 있도록 해야 합니다.

35 학교폭력 예방을 위한 학부모 교육을 어떻게 실시할 수 있을지 말해보시오.

> 답안 1

저는 다음과 같은 방법으로 학교폭력 예방을 위한 학부모 교육을 실시하겠습니다.

첫째, 학부모 소통공간을 만들어 학교폭력과 관련된 학부모 교육자료, 학교에서 학교폭력을 어떻게 다루고 있는지, 관련 프로그램 등을 소개하겠습니다. 평소에 일상에서 학부모 교육이 시행될 수 있도록 학부모 사이버 공간을 만들겠습니다.

둘째, 유튜브, 줌 등을 이용한 실시간 쌍방향 소통을 통해 학교폭력 및 자녀 교육을 실시하겠습니다. 직접 학교에 오시지 않더라도 해당 주소에 접속하여 학교폭력 예방교육을 들을 수 있고, 실시간으로 질문을 할 수 있도록 하겠습니다. 실시간 소통은 교육 자료만 읽어보는 것보다 흥미를 유발하기 쉽고 학부모님도 더욱 관심을 가질 수 있습니다. 다양한 실시간 소통 방법을 생각해서 운영하겠습니다.

셋째, 사서 선생님(또는 국어 선생님)과 협력하여 학부모 독서모임을 진행하겠습니다. 독서모임에서 주제를 정해서 학교폭력과 관련된 책을 읽고, 토론하며 서로의 생각을 나누는 시간을 갖겠습니다. 독서모임의 장점은 관련 책을 읽어보며 지식을 넓힐 수 있을뿐더러 타인과 생각을 나누면서 다양한 관점을 생각해보아 관련 주제에 조금 더 깊이 다가갈 수 있다는 것입니다.

답안 1의 Tip

학부모 소통을 하는 방법은 비대면, 대면으로 나눌 수 있을 것입니다. 비대면의 방법도 실시간으로 소통할 수 있지만 자료 업로드와 같은 비실시간 방법도 있습니다. 다양한 방법을 생각하고 있다는 점을 강조하여 답변하면 좋을 것 같습니다.

> 답안 2

저는 상담교사로서 학교폭력 예방을 위한 학부모 교육으로 다음과 같은 3가지를 진행하겠습니다.

첫째, 학부모 학교폭력 예방교육을 소규모 집단상담의 형태로 실시하겠습니다. 강의식 전달 방법이 아닌 소규모 집단상담의 형태로 학부모 학교폭력 예방교육을 실시하여 학교폭력에 관련된 다큐를 시청하며 우리 아이들의 학교폭력 예방의 중요성과 학교폭력에 대한 진솔한 이야기들을 나눌 수 있도록 하겠습니다.

둘째, 학교폭력 담당교사, 사서교사와 함께 매달 학교폭력예방 추천 도서를 학부모님들께 안내하겠습니다. 매달 안내함을 통해 학부모님들이 지속적으로 학교폭력에 대해 관심을 가질 수 있도록 하고, 학교도 학교폭력에 항상 관심을 가지고 있다는 것을 보여주겠습니다.

셋째, 대면뿐만 아니라 비대면의 형태로도 학교폭력 예방교육을 열겠습니다. 직장이나 일 때문에 학부모 교육에 참여하기 어려운 학부모님들을 위해 가정통신문을 제작하고 교육 또한 실시간 라이브 방송을 포함하여 많은 학부모님들이 관심을 가지고 참여할 수 있도록 다양한 매체를 활용하겠습니다.

답안 2의 Tip

기존의 대면 예방교육에 참여하기 어려움을 겪은 학부모님들까지 어떻게 예방교육에 참여시킬 수 있을지 고민을 하면 좋을 것 같습니다. 교육의 형태 또한 강의식보다는 부모님들이 직접 참여하고 고민할 수 있는 형태를 생각해보면 더 좋은 답변이 될 것 같습니다.

아동학대(가정폭력)

36 상담실을 자주 방문하는 학생A는 날씨가 더워도 항상 긴 옷을 입고 다닙니다. 어느 날 손을 씻기 위해 팔을 걷었을 때 팔목에 멍이 들어 있었습니다. 다음과 같이 아동학대가 의심되는 상황에서 어떻게 대처해야 하는지 말해보시오(신체적 학대).

> 답안 1

학생에게 신체적 학대가 의심되는 상황에서 우선 학생의 상처와 자국이 어떻게 해서 생기게 된 것인지 파악하는 것이 중요합니다. 아동학대로 인한 상처는 일반적으로 넘어지거나 본인의 과오로 부딪힌 상처와는 다소 다른 형태로 나타납니다. 도구를 이용해서 맞은 상처인지, 넘어져서 생기기 어려운 신체 부위에 생긴 상처인지, 화상 자국이 있는지, 손톱으로 긁히거나 손으로 맞은 자국이 있는지 살펴보아야 할 것입니다. 또한 신체적 학대를 받은 아동일 경우 행동이 많이 위축되어 있으며 타인의 눈치를 보는 등의 방어적 행동을 취할 가능성도 있습니다. 따라서 학생의 행동과 정서 상태를 면밀히 살펴보는 것이 중요합니다.

아동학대가 의심되는 경우에는 아동학대처벌법에 따라 수사기관에 즉시 신고하는 것이 원칙입니다. 교내에서 위기관리위원회를 소집하여 아동의 학대 사실을 판단해보고, 신고 의무를 이행해야 합니다. 또한 지속적으로 학생과 상담하면서 학생의 위험성과 아동학대를 겪은 후 나타나는 후유증을 살펴보고 응급 상황이 발생하면 아동의 안전을 확보할 수 있도록 해야 합니다.

답안 1의 Tip

교사는 아동학대의 신고의무자입니다. 상담 중 아동학대가 있다고 판단되면 상담의 비밀보장 예외 상황이기 때문에 아동에게 이 사실을 알리고 신고함으로써 도움을 제공해야 합니다. 신체적 학대의 경우 아동의 상처를 잘 살펴보는 것이 중요한 부분이라고 생각합니다.

답안 2

　　최근에 안타까운 소식들이 많이 들렸습니다. 코로나19 상황이 되며 더 많은 학생들이 아동학대의 위험에 놓이게 되었습니다. 저는 상담교사로서 단 한 명의 아이도 놓치지 않기 위해 노력하겠습니다. 아동학대가 의심되는 상황에서 저는 다음과 같이 3가지를 하겠습니다.

　　첫째, 학생이 불안해하지 않도록 침착한 태도를 유지하며 상처를 확인하겠습니다. 학생을 안심시키며 성별이 다르다면 다른 선생님과 협력하여 상처를 확인하고 증거를 확보하겠습니다. 또 저는 학생이 놀라지 않도록 안정적이고 부드러운 목소리로 대화를 이어나가겠습니다.

　　둘째, 학생에게 아동학대에 대한 신고를 안내하겠습니다. 교사는 아동학대 신고의무자로서 학생을 보호해야 할 의무가 있습니다. 하지만 학생이 강제된다는 느낌이 들지 않도록 학생에게 아동학대 신고에 대한 안내를 하여 학생의 놀란 마음을 진정시키고 학생이 걱정되는 부분이 있다면 어떤 것인지 경청하겠습니다.

　　셋째, 학교 관리자에게 보고하고 경찰에 신고합니다. 학교장에게 즉시 보고하고 아동보호기관 또는 112에 신고될 수 있도록 합니다. 이 과정에서 학생이 걱정하였던 부분이 나타나지 않도록 세심한 배려와 주의를 가지고 사안에 참여할 수 있도록 하겠습니다. 이후에도 학교에서는 학생의 보호와 안전을 위하여 최선을 다하며 필요하다면 전문기관의 도움을 받아 학생의 회복과 치유가 시작될 수 있도록 하는 상담교사가 되겠습니다.

답안 2의 Tip

교사는 아동학대 신고의무자로 확신이 아닌 의심이 가는 정황이 있더라도 신고를 해야 합니다. 다만 이 모든 것이 빠르게 진행이 되고 아동에게는 강제되는 느낌을 주어 앞으로의 신뢰관계에 영향을 줄 수 있으므로 아동에게는 세심한 배려를 하는 것이 굉장히 중요합니다.

37 학생A는 아침을 먹고 오지 않을 때가 많아서 배가 고프다는 말을 자주 합니다. 점심시간이면 다른 아이들보다 훨씬 많은 양을 먹고 다시 더 받아먹습니다. 머리도 감고 오지 않을 때가 많고 옷에서는 냄새가 날 때가 많습니다. 이처럼 방임이 의심되는 상황에서 어떻게 대처해야 하는지 말해보시오.(방임).

답안 1

　신체적, 정서적, 성적 학대뿐만 아니라 방임도 아동학대에 속합니다. 아동은 의식주에 있어서 기본적인 양육과 보호를 받아야 합니다. 아동이 기본적인 양육을 받고 있지 않다고 여겨진다면 방임의 조건에 해당하는지 살펴보는 것이 중요합니다.
　학생이 배가 고프다는 말을 자주하고 점심시간에 많은 양의 밥을 먹는 것과 관련해서 가정에서 학생의 식사는 어떻게 이루어지고 있는지, 혹시 영양실조 상태로 보이지는 않는지 파악해보아야 할 것입니다. 또한 머리를 감지 않고 깨끗한 옷을 입지 않는 것과 관련해서도 부모님의 양육이 방임의 형태로 나타나는 것인지 살펴보아야 할 것입니다. 학부모님과 상담을 실시하고 가정방문을 통해 학생의 가정환경과 생활을 세심하게 살펴볼 필요도 있습니다. 아동의 식사 불균형, 위생상태 등 방임이 의심될 때 또는 학생의 건강에 있어 심각성을 동반한다면 즉시 신고절차를 통해 아동에게 도움을 제공해야 할 것입니다.
　아동학대는 상처가 보이지 않거나 아동이 말하지 않으면 발견하기 어렵습니다. 아동학대를 예방하고 재학대 방지를 위해서는 교사의 지속적인 관심과 애정이 더욱 중요한 부분이라 생각합니다.

답안 1의 Tip

방임의 경우에는 학생의 가정환경과 관련된 문제가 클 수 있습니다. 기본적인 양육이 일어나고 있지 않은 경우인지 살펴보고 가정방문을 통해서 학생의 현재 환경을 잘 살펴보고, 관심을 지속하는 것이 중요하다고 생각합니다.

> 답안 2

아동방임의 경우 발견이 쉽지 않기 때문에 교사는 평소에 학생들 한 명 한 명에 관심을 가지고 면밀히 관찰하는 자세가 필요합니다. 아동방임이 의심되는 상황에서 저는 상담교사로서 다음과 같이 대처하겠습니다.

첫째, 담임교사와 협력하겠습니다. 아동방임의 대표적인 징후인 청결, 위축, 분노의 문제를 학생이 겪고 있지는 않는지, 담임교사는 어떻게 상황을 판단하고 있는지 함께 이야기하며 협력하도록 하겠습니다.

둘째, 위기가정에 가정방문을 하겠습니다. 신규 배치된 아동학대조사공무원, 학교교육복지사, 보건교사, 담임교사와 함께 방역 필수조건을 갖추어 코로나19라고 할지라도 아동의 안전이 확인 가능하도록 하겠습니다.

셋째, 아동방임이 의심될 시 즉시 신고하여 아동이 보호받을 수 있도록 하겠습니다. 관찰을 통해 아동방임이 의심될 시 즉시 아동보호기관 또는 112에 신고를 하여 아동의 안전이 확실해질 수 있도록 하겠습니다.

저는 다음과 같은 3가지 대처를 통하여 한 명의 학생도 놓치지 않는 책임교육을 할 수 있도록 하겠습니다.

답안 2의 Tip

아동방임의 경우 다른 아동학대에 비해 학대로 인식되지 않는 경우가 많습니다. 그만큼 우리 교사들이 더욱 신경을 쓰는 것이 중요합니다. 아동방임도 아동학대인 만큼 엄중하고 무겁게 다루어야 할 사안입니다. 아동방임이 의심되는 경우 아동의 안전을 위해 즉각 신고할 수 있어야 합니다.

38 학생과 상담 중 학생이 가족과 관련된 이야기를 할 때면 말을 회피하고 가정에 대한 이야기를 숨기려고 합니다. 상담을 지속하다 보니 학생의 부모님은 자주 다투고, 학생에게도 욕설을 하는 상황을 알게 되었습니다. 또한 부모님이 첫째인 학생에게 과도한 책임감을 부여하고 동생들과 자주 비교하는 것에 많은 스트레스를 받고 있습니다. 이처럼 가정에서 정서적 폭력이 의심되는 상황일 때 어떻게 대처할 수 있는지 말해보시오.

답안 1

정서적 학대는 정신적으로 가혹행위를 받게 되는 것으로 아동의 심리상태에 장기적이고 심각한 영향을 미치게 됩니다. 증상으로 우울증, 낮은 자존감, 공격성 등이 나타나 행동문제로 이어질 수 있습니다. 학생의 가정에서 정서적인 폭력이 의심되는 상황이라면 다음과 같이 대처하겠습니다.

첫째, 심리치료를 진행하겠습니다. 정서적 폭력이 있었던 상황이기 때문에 학생의 심리적인 상처와 고통이 클 것입니다. 학생이 상담에서 자신의 마음을 열 수 있도록 지속적인 상담을 실시하겠습니다. 학교에서 한계가 있는 부분에 있어서는 위센터, 지역상담기관, 병원 등과 같은 전문기관과 연계하여 적극적인 도움을 제공해야 합니다.

둘째, 학생의 부모님이 다투고, 학생에게 욕설을 하고 있다고 해서 무조건 아동학대로 판단할 수는 없습니다. 교내에서 다각적인 판단하에 아동학대의 징후를 발견하고, 아동학대로 의심되는 경우에는 아동학대전문기관에 신고해야 합니다. 또한 신고 후에 아동의 적응상태, 신고 후 아동을 지속적으로 도울 수 있는 방안을 마련해야 합니다.

 답안 1의 Tip

신체적인 학대는 상처를 통해 발견할 수 있지만 정서적 학대는 학교에서 발견하기가 어려운 부분입니다. 학생의 행동, 정서, 언어적 특이점이 있다면 그 원인이 무엇인지 상담을 통해 알아보아야 합니다. 정서적 학대도 아동학대에 포함되어 있다는 것을 알고 그에 따른 해결 방법을 제시하면 좋을 것 같습니다.

> 답안 2

　　코로나19로 학생들이 가정에 머무는 시간이 길어지며 아동학대가 더 늘어났다는 뉴스를 본 적이 있습니다. 이에 따라 교사들은 학생들에게 더욱 관심을 가지고 세밀하게 관찰할 필요가 있어졌습니다. 아동학대는 크게 정신적 학대, 신체적 학대, 방임으로 나뉘는데 그중에서도 정신적 학대는 발견하기 힘들지만 학생에게 씻을 수 없는 상처를 준다는 점에서 매우 중요하게 다루어져야 합니다.

　　첫째, ==정신적 건강을 해칠 가능성이 발견된다면 즉각 아동보호 전문기관 또는 112에 신고하겠습니다.== 정신적 학대의 경우 다각적인 측면에서 판단이 필요합니다. 최근 대법원에서는 아동의 정신적 건강을 해칠 가능성만 있어도 정서적 학대에 해당이 된다고 판단하였습니다. 이를 근거로 저는 교사로서 학생을 보호하기 위해 학생의 정신적 건강에 나쁜 영향이 미친다고 판단될 시 신고를 하겠습니다.

　　둘째, ==교사들과 함께 협의회를 열어 학생에 대한 지속적인 지원 방안을== 고민하겠습니다. 학생의 치유와 회복을 위해 학교에서는 무엇을 할 수 있을지 다른 선생님들과 함께 고민하겠습니다. 저는 상담교사로서 개인상담을 진행하며 학생의 상태를 꾸준히 체크하고 정서적인 안정을 찾을 수 있도록 돕겠습니다.

　　셋째, ==전문기관에 연계하겠습니다.== 전문기관에 학생을 연계하여 필요한 정신의학적 도움을 받을 수 있도록 지원하겠습니다. 또한 ==방학기간 중에도 학생의 회복에 공백이 생기지 않도록== 꾸준히 지원이 이어질 수 있도록 하겠습니다.

답안 2의 Tip

교사는 아동학대 신고의무자로 아동학대에 대한 의심이 드는 상황이면 신고를 해야 합니다. 하지만 신고를 하고 나서 사안이 끝나는 것은 아닙니다. 신고를 하고 나서도 학생에게 지속적으로 어떤 도움을 줄 수 있을지 고민을 하고, 학생의 회복과 치유의 과정을 어떻게 함께 걸어갈지 생각해보는 것도 중요합니다.

등교거부(학업중단 위기)

39 등교거부를 하는 중1 학생의 상담을 담임교사로부터 의뢰받았습니다. 학생은 자신이 왜 학교를 다녀야하는지 모르겠으며 학교에 있는 시간이 너무 아깝다고 합니다. 상담교사로서 어떤 도움을 줄 수 있을지 말해보시오.

답안1

등교거부를 하고 있는 학생에게 저는 다음과 같은 도움을 제공하겠습니다.

첫째, 학생과 상담을 통해 학생이 학교를 다니기 싫어하는 이유를 먼저 파악하겠습니다. 학생이 학교에 있는 시간이 아깝다고 하는 상황인데 무엇 때문에 이런 생각을 하게 되었는지 찾아보겠습니다. 학생의 진로 문제인지, 교우관계 문제인지 아니면 가정의 문제로부터 비롯된 것인지 원인을 파악해보고 원인에 맞게 도움을 주는 것이 중요합니다.

둘째, 학생이 학교에서 흥미를 되찾을 수 있도록 담임교사와 함께 협력하여 학급에서 실시할 수 있는 활동이나 프로그램을 제공하겠습니다. 예를 들어 비밀친구(짝친구) 활동과 같은 재미 있는 활동을 통해 학생이 다른 친구들과 소통하고 애정을 나눌 수 있도록 분위기를 조성해보겠습니다.

셋째, 학생이 우울하거나 무기력한 상황이라 정서적인 문제가 함께 동반된다면 학업중단숙려제를 실시할 수 있습니다. 학업중단숙려제는 학생이 학업중단 의사를 밝히거나 학교 적응에 정서적인 어려움이 있을 때 상담 프로그램이나 학교 적응을 위한 여러 가지 프로그램을 운영하는 것입니다. 학업중단숙려제를 통해서 학생이 스스로 무엇을 원하는지 파악할 수 있도록 시간을 선물할 수 있을 것입니다.

답안 1의 Tip

학교에 오기 싫어하는 학생들을 실제로 만나보면 이유가 다양합니다. 따라서 학생의 욕구와 원인을 파악하는 것은 꼭 들어가야 할 답변인 것 같습니다. 또한 학교에서 실제로 학업중단숙려제를 실시하고 있기 때문에 이와 같은 단어를 언급한다면 면접관들에게 본인이 시책과 학교현장에 대한 이해가 높다는 것을 보여줄 수 있을 것입니다.

> 답안 2

　　등교를 거부하는 중1 학생에게 저는 상담교사로서 다음과 같은 3가지 도움을 제공하고 싶습니다.

　　첫째, 학생이 왜 학교에 다니고 싶어 하지 않는지 그 원인을 탐색해보겠습니다. 학생은 학교를 왜 다녀야하는지 모르겠다, 학교에 있는 시간이 아깝다고 했지만 이러한 생각을 하게 된 원인이 있을 것이라고 생각합니다. 왜 아깝다고 생각하는지, 그렇다면 아깝지 않게 시간을 보내는 것은 어떤 것인지, 그것을 학교에서 하는 것은 왜 불가능하다고 생각을 하는지 학생과 진정성 있는 대화를 나누어보겠습니다.

　　둘째, '우리함께' 집단상담을 실시하겠습니다. 어릴 적 학교생활을 떠올려보면 열심히 공부를 하였던 것들도 기억나지만 친구의 얼굴이 가장 먼저 떠오르고는 합니다. 친한 친구가 1명이라도 있다면 학교를 다니는 것이 즐거워집니다. 저는 '우리함께' 집단상담을 실시하여 학생이 학교에 친한 친구들을 만들고 학교를 나오는 것 자체에 대해 긍정적인 정서가 연상되도록 하겠습니다.

　　셋째, 개별 맞춤형 진로상담을 실시하겠습니다. 저는 이전에 진로를 찾고 긍정적으로 변화하는 아이들을 많이 보았습니다. '나는 무엇을 하고 싶은가'는 '나는 누구인가'와 같은 삶의 동기와도 연결이 됩니다. 저는 진로상담을 통해 학생의 적성을 찾아주고 여러 진로를 구체적으로 함께 살펴보며 진로 커리어를 만들어 학생이 학교의 선생님, 친구들과 함께 구체적으로 나아갈 방향을 제시하겠습니다.

답안 2의 Tip

가장 중요시 되어야 할 것은 '왜 학생이 학교를 다니고 싶어 하지 않는지'라고 생각합니다. 학생은 시간이 아깝다고 했지만 좀 더 근본적인 원인을 학생의 마음속에서 끌어내는 것이 중요합니다. 때론 사실 이 모든 것은 핑계이고 단순히 학교를 나오고 싶지 않다거나, 학교의 누군가로부터 괴롭힘을 받고 있다든가 등 전혀 다른 이유일 수도 있습니다. 학생에 대한 편견을 가지지 않고 먼저 학생과 진심으로 대화하는 자세가 무엇보다 필요하다고 생각합니다.

40 한 달 전에 전학을 온 학생이 있습니다. 이 학생은 계속 몸이 아프다며 자주 결석하거나 학교에 와도 교실에서 친구들과 지내기보다는 엎드려 있거나 복통을 호소하며 보건실에 자주 들리고 있습니다. 학부모님께 여쭈어보니 학생을 등교시킬 때도 학생이 학교에 가지 않으면 안 되냐는 말을 자주 한다고 합니다. 담임교사는 학생의 등교거부가 지속될 것에 대해 걱정하고 있습니다. 이처럼 새로운 학교에서의 등교를 힘들어하고 있는 학생을 어떻게 도울 수 있을지 말해보시오.

(답안 1)

새로운 학교에 전학 온 학생이 학교에 적응하지 못하는 상황에서 다음과 같은 도움을 제공하겠습니다.

첫째, 학생의 정서적 어려움이 신체화 증상으로 나타나고 있다는 접근이 필요합니다. 신체화 증상이란 실제 몸이 아픈 것은 아닌데 심리적 요인으로 인해 몸이 아프다고 호소하는 것입니다. 환경이 바뀌게 되면 사람은 불안을 느끼게 됩니다. 학생도 이와 마찬가지로 전학이라는 환경의 변화로 불안감을 느끼게 되고, 불안은 긴장으로 이어져 신체의 여러 감각이 예민해질 수 있습니다. 이로 인해 실제로 신체적 질병이 아닌데도 복통을 호소할 수도 있습니다. 따라서 상담을 통해 이 학생이 심리적 어려움을 덜 수 있도록 해야 합니다.

둘째, 학생의 학습을 점검해 보아야 합니다. 학교에서는 새로운 것을 학습하는 시간이 대부분을 차지합니다. 수업을 듣고, 과제를 제출하고 시험을 보기도 합니다. 학생의 등교거부의 원인이 학습에 있는 것은 아닌지 확인해보아야 합니다. 학생이 학습의 어려움으로 인해 심리적 어려움이 나타날 수 있습니다. 반대로 학생의 심리적 어려움이 학습에 영향을 미칠 수 있고 무기력한 상태로 나타날 수도 있습니다. 학교생활에는 많은 에너지와 집중이 필요한데, 우울감이나 불안감으로 학교생활을 버틸 힘이 소진되었을 수도 있습니다. 따라서 학생의 학습 상태를 점검해보는 것이 필요합니다.

셋째, 현재의 또래관계를 확인해 보겠습니다. 학생이 전학을 와서 아직 또래관계를 형성하지 못한 것은 아닌지, 친구 사이에 다툼이나 따돌림이 있었는지를 살펴봐야 합니다. 교실 내에 마음을 나누며 의지할 친구가 없다면 이로 인해 학교생활의 적응이 힘들 수 있습니다. 이러한 경우에는 담임선생님과의 협력을 통해 학생이 친구를 사귈 수 있는 기회를 제공해야 합니다.

답안 1의 Tip

문제에서 제시하는 부분의 포인트를 몇 개 찾는 것을 제안 드립니다. 학생이 전학생이라는 것, 신체화 증상을 보인다는 것, 교실에서 엎드려 있는 것, 등교거부 의사를 자주 이야기하고 있다는 것을 체크하여 답안을 생각하면 됩니다.

(답안 2)

　한 달 전에 전학을 오며 새로운 학교에서의 등교를 힘들어하고 있는 학생을 위해 저는 상담교사로서 다음과 같은 3가지 도움을 제공하고 싶습니다.

　첫째, 학생이 또래상담반에 들어올 수 있도록 하겠습니다. 또래상담원으로서 자연스럽게 많은 학생들과 대화를 할 수 있는 기회를 주고 또한 이 과정에서 고민이 있다면 다른 또래상담원인 친구들과 나눌 수 있도록 하겠습니다. 이를 통해 학생의 친구관계가 개선이 되고 학교에서 친구관계로 인해 받는 스트레스도 줄일 수 있다고 생각합니다.

　둘째, 1인 1역할을 맡기도록 하겠습니다. 인간은 유능성을 느낄 때 내재적 동기가 증진된다고 합니다. 학생에게 역할을 맡기고 강제로 학교를 나오는 것이 아니라 책임감과 성취감을 통한 내적인 동기로 학교를 나올 수 있도록 하겠습니다. 또한 전학 온 학생에게 소속감을 만들어주는 역할도 할 수 있다고 생각합니다.

　셋째, 가정과 연계하여 학생에 대한 도움이 이루어질 수 있도록 하겠습니다. 가정은 1차 사회화 기관으로 학생에게 큰 영향력을 발휘합니다. 저는 학부모님과 소통하여 학생에 대한 상태를 점검하고 가정에서 어떤 도움을 줄 수 있을지 자문하도록 하겠습니다.

　저는 다음과 같은 3가지 도움을 통해 새로 전학 온 학생이 학교에 잘 적응할 수 있도록 돕고, 학교에 나오는 것을 스스로 긍정적으로 생각할 수 있도록 만들겠습니다. 이를 통해 단 한 명도 빼놓지 않는 책임교육이 실현될 수 있도록 하겠습니다.

🏫 답안 2의 Tip

문제의 핵심은 새로 전학 온 학생이라는 것, 친구들과 잘 지내지 못하고 있는 모습, 스트레스일 확률이 높은 복통을 호소, 등교거부라고 볼 수 있습니다. 이런 문제들을 상담교사로서 어떻게 도와줄 수 있을지 고민하며 답변했습니다.

> [41] 학업중단 위기에 있는 학생들을 대상으로 상담교사로서 어떤 집단상담 프로그램을 제시할 수 있는지 구상하고 답해보시오.

답안 1

학업중단 위기에 있는 학생들을 대상으로 '자아존중감 향상 집단'을 진행하겠습니다. 자아존중감이란 자신을 사랑하고, 존중하고 자신이 가치 있는 존재라고 믿는 것입니다. 학업중단을 생각하고 있는 학생들은 감정의 파도에 휩쓸려 있을 가능성이 높고, 자아존중감이 낮아진 상태일 것입니다. 학생들이 자신의 가치를 믿고 어려움을 헤쳐 나갈 수 있는 힘을 기르는 것이 중요하다고 생각합니다.

첫 번째 프로그램으로는 자아존중감을 높이는 데 초점을 맞추어 학생들과 함께 생애그래프를 그리는 활동을 진행하겠습니다. 학생들이 행복했던 순간은 언제인지 떠올려보고 고민해보는 시간을 가진 후에 다른 친구들과 함께 어려웠던 순간은 언제였는지, 어떻게 극복했는지 이야기를 나눠보며 내면의 힘을 기르도록 하겠습니다.

두 번째 프로그램으로는 심리적 어려움을 나눌 수 있는 시간을 갖겠습니다. 학생들은 학업중단이라는 공통적인 심리적 위기 상황에 놓여 있습니다. 학업중단 위기 상황까지 오게 되면서 힘든 점은 무엇이었는지 각자의 감정과 생각을 공유하고 그 속에서 서로 지지하고 서로에게 수용받는 경험을 하도록 하겠습니다.

세 번째 프로그램으로는 '1년 후 나'에게 편지쓰기 활동을 진행하겠습니다. 모든 상황이 해결되었을 때 나는 어떠한 모습일지, '1년 전 나'에게 어떤 위로와 격려의 말을 해줄 수 있는지 생각해보는 것입니다. 집단 내에서 함께 이야기를 나눠보고 서로의 강점을 찾고 가능성을 발견할 수 있도록 하겠습니다. 자존감은 미래에 발을 내딛을 수 있는 힘이라고 생각합니다. 학생들이 자신에 대한 믿음과 가치를 발견하고 학업중단의 위기에서 벗어날 수 있도록 돕겠습니다.

🏫 **답안 1의 Tip**

저는 학업중단 위기 학생은 심리적 소진상태라고 생각했습니다. 자신이 더 이상 헤쳐 나갈 힘이 소진되어 학업과 학교생활까지 중단하려고 하는 것입니다. 소진된 상태의 학생들에게 집단상담을 진행할 경우는 동질집단 내에서 먼저 수용받고 '잘할 수 있다.'는 자존감을 향상시키는 것이 우선이라고 생각했습니다.

> 답안 2

저는 학업중단 위기에 있는 학생들을 대상으로 상담교사로서 모래놀이치료를 활용한 집단상담을 제시하고 싶습니다. 저는 모래놀이치료를 활용하여 학생들과 다음과 같은 3가지 프로그램을 진행하여 보겠습니다.

첫째, 모래와 피규어를 활용하여 '나 소개하기'입니다. 학업중단 위기 학생들을 모았을 때 학생들은 바로 상담받기를 너무나 싫어할 것입니다. 이때 놀이심리치료를 접목하여 모래놀이치료를 통해 학생들의 거부감을 줄이고 적극적으로 상담에 참여하도록 도울 수 있습니다. 피규어를 활용하여 친구들에게 자신을 소개하는 것과 동시에 스스로도 자신에 대한 이해를 높이고, 해당 집단에 소속감을 느낄 수 있도록 하겠습니다.

둘째, '내 마음속을 탐색하기'입니다. 모래놀이치료는 모래를 통해 이야기를 만들며, 자연스럽게 학생들과 여러 주제에 대한 이야기를 나누며 학생에 대한 이야기를 들을 수 있습니다. 학생이 왜 학교에 오기 싫은지, 학교는 학생에게 어떤 곳으로 인식되는지, 과거에 학생에게 어떤 일이 있었는지 모래놀이치료를 통해 학생의 무의식의 흐름을 파악해보겠습니다. 학생들이 학업을 중단하겠다고 생각하는 원인에 대해서 파악하고 개별 맞춤형 도움을 제시하겠습니다.

셋째, '내가 그려보는 나의 미래'입니다. 모래에 자신의 미래를 그려보며 친구들에게 소개하는 시간을 가집니다. 종이에 그림을 그리는 것보다 모래를 활용하는 것이 아이들의 개방성을 높일 수 있습니다. 미래의 행복한 내가 되기 위해서 무엇을 해야 할지 고민해볼 수 있도록 하겠습니다. 이때 다른 학생들의 의견도 들어보며 서로가 서로의 롤모델이 될 수 있도록 하고 각자의 미래를 응원하는 지지자로 역할할 수 있도록 하겠습니다. 이를 통해서 학교의 배움에 대한 의미를 찾을 수 있도록 지도하겠습니다.

같은 모래놀이치료를 활용한 3가지 집단상담 프로그램을 상담실에서 진행하여 학업중단 위기 학생들이 내적 동기를 가지고 다시 학교에 적응할 수 있도록 하겠습니다.

답안 2의 Tip

학업중단 위기 학생들과 상담할 때 가장 신경 써야 하는 것은 학생들의 마음이라고 생각합니다. 왜 학교를 그만두고 싶어 하는지, 학교가 학생들에게는 어떤 공간인지 탐색하는 것이 중요한 의미를 가지고 있지 않을까 생각합니다.

자살, 자해사고

42 정서·행동특성 검사 결과 자살사고가 있는 학생이 나왔습니다. 학생과 면담을 하게 되었는데 어떤 내용들을 파악해야 하는지 말해보시오.

> 답안 1

　정서·행동특성 검사에서 자살사고를 보인 학생과 면담할 때 저는 다음과 같은 내용을 중점적으로 상담하겠습니다.

　첫째, 학생과 면담을 통해 검사 결과를 알려주고 학생이 자살사고를 한 원인을 살펴보겠습니다. 자살사고의 원인을 알아보는 것을 통해 학생이 자신의 감정을 충동적으로 표현한 것인지, 장기적으로 불안정한 상태가 지속된 것인지 면담을 통해 알아보는 것이 중요할 것입니다.

　둘째, 학생의 자살 위험 수준을 파악해보겠습니다. 학생과 심층적인 상담을 통해 학생에게 실제 자살 생각이 있었는지, 자살을 혹시 계획한 적이 있었는지, 자살 의도는 무엇인지, 보호요인은 존재하는지 등을 살펴보겠습니다.

　셋째, 학생의 자살 단서를 나타내고 있는 상황이 있었는지 살펴보겠습니다. 여러 선생님들과 함께 협력하여 학생이 "죽고 싶어요."와 같이 언어적으로 직접 자살을 이야기한 적이 있는지, 행동으로 보여준 자살 단서가 있는지 살펴보면서 학생이 어느 정도 심각성을 보이는지 파악하겠습니다. 만약 실제로 학생의 위험 수준이 높다고 판단되면 교내에서 위기관리위원회를 열어 여러 선생님들과 함께 체계적이고 전문적으로 학생을 도울 수 있도록 적극적인 자세를 취해야 할 것입니다.

답안 1의 Tip

정서・행동특성 검사로 인해 자살사고가 밝혀진 경우 학생과 면담을 하게 됩니다. 이때 고려해야 할 것은 실제 학생이 자살을 생각했었는지, 원인은 무엇인지, 위험수준은 어떠한지 파악하는 것입니다. 또한 자살과 같은 위기사안의 경우에는 혼자서만 문제를 해결하려 하지 말고 다른 선생님들과 협력하는 것이 중요하다고 생각합니다.

> 답안 2

　정서・행동특성 검사에서 자살사고가 있는 학생을 면담하게 된다면 저는 다음과 같은 3가지 내용을 반드시 파악해야 한다고 생각합니다.

　첫째, 자살사고를 가지게 된 경위와 배경을 파악해야 합니다. 학생이 언제부터 자살에 대한 생각을 했는지, 그리고 특정한 사건이 있었는지 또는 문득 그러한 생각이 든 것인지 파악하는 것이 중요합니다. 학생에게 비밀보장의 한계를 설명하고 자살사고에 대한 경위와 배경을 파악한 후 가정에서도 안전할 수 있도록 학부모와의 면담을 진행하는 것도 필요하다고 생각합니다.

　둘째, 자살시도 여부와 심각도를 파악해야 합니다. 학생의 자살사고가 실제로 시도로 이어졌는지, 자살에 대한 생각이 얼마나 많이 드는지 파악해야 합니다. 학생이 표현하는 것에 어려움을 겪는다면 척도질문을 활용하겠습니다. "0점이 전혀 죽고 싶지 않을 때, 10점이 지금 당장 바로 죽고 싶을 때라면 너는 몇 점에 해당되는 것 같니? 평상시에도 자살에 대한 생각이 계속 드니? 잠시라도 10점 같이 느낄 때가 있니?" 등 질문을 통해 자살을 하고 싶은 막연한 마음을 수치화하여 학생의 마음을 좀 더 객관적으로 파악할 수 있어야 합니다.

　셋째, 학생 주변의 지지기반을 파악해야 합니다. 학생이 갑작스러운 자살 충동을 느낄 때 학생을 즉각 보호해줄 수 있는 사람들은 있는지, 현재 학생의 마음을 이해해주는 사람들이 주변에 있는지 파악해야 합니다. 학생이 위급 상황에 언제든지 도움을 요청할 수 있도록 위기 상황 시 연락 가능한 곳을 알려주어야 합니다. 필요하다면 상담교사의 긴급번호를 알려주어 학생을 보호할 수 있도록 해야 합니다.

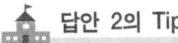 답안 2의 Tip

자살, 자해에 관한 상담을 할 때 교사는 절대 학생을 다그치거나 흥분하지 않고 침착한 태도로 학생의 힘든 마음에 공감하는 것이 중요합니다. 교사가 학생 자신을 이해해주지 못한다 또는 자신이 혼날 것이라고 생각하여 더 이상 말을 하지 않게 되는 것이 가장 위험하기 때문입니다.

학생A가 자신의 친구인 학생B가 최근 한 달간 죽고 싶다는 말을 많이 하여 걱정이 된다며 상담실을 찾아왔습니다. 학생A에게 어떤 조언을 해 줄 수 있을지 말해보시오.

답안 1

학생 A에게 저는 다음과 같이 조언할 것입니다.

A야, 이렇게 상담실에 찾아와서 너의 걱정을 말해준 것에 대해 고마워. 선생님이 들어보니 A가 친구 B를 생각하는 마음이 정말 크다는 것을 알 수 있었어. 친구가 죽고 싶다는 말을 했을 때 정말 많이 놀랐을 것 같은데 그 상황에서 친구를 잘 위로하려 애썼던 너의 모습이 참 대견하다. 그리고 혼자서 고민하지 않고 이렇게 상담실에 와서 선생님에게 도움을 요청한 것도 너무 잘했어. 우리 함께 친구 B를 도와주자. 선생님이 너의 이야기를 들어보니 친구 B가 지금 많이 힘든 상황인 것 같아. 선생님도 B와 상담하면서 B가 어떤 일 때문에 지금 힘들어하는지 이야기를 나누어보려고 해. 또 선생님이 B의 부모님께도 도움을 요청해서 B가 힘든 상황에서 빠져나올 수 있도록 도와주려고 해. A도 친구를 많이 도와주고 싶지? A가 지금껏 그랬던 것처럼 B의 고민을 들어주고 곁에 있어 주면 좋을 것 같아. 때로는 아무 말 없이 곁에 있어 주는 것만으로도 큰 힘이 된다는 말 알지? 그 말처럼 친구 B 곁에서 이야기도 들어주고 위로해주면서 같이 울어주는 것도 괜찮아. 우리가 함께 도와준다면 B도 힘을 낼 수 있을 거야. 그렇게 믿고 함께 노력해보자.

답안 1의 Tip

먼저 친구가 걱정되어 상담실을 찾아온 것에 대한 칭찬을 하면서 격려하였습니다. 또한 이 학생은 자신의 친구가 죽을지도 모른다는 걱정을 많이 하고 있을 것입니다. 걱정을 덜어줄 수 있는 실제적인 방법(상담과 학부모 협력)을 이야기하면서 학생을 안심시키는 것도 중요하다고 생각했습니다. 마지막으로 친구로서 자살하려는 친구를 도울 수 있는 방법을 제시해보았습니다.

(답안 2)

죽고 싶다고 말하는 자신의 친구 학생B가 걱정되어 찾아온 학생 A에게 다음과 같이 조언하겠습니다.

A야 그런 일이 있었구나. 아이고, 많이 고민되었겠는데? 선생님한테 이렇게 먼저 와서 말해줘서 정말 고마워. 선생님은 B가 이렇게 힘든지 몰랐는데 A 덕분에 알게 되었어. 이제 선생님이 A가 걱정하는 것처럼 B에게 나쁜 일이 절대 일어나지 않도록 B를 도와줄게. A처럼 친구의 위기에 관심을 가지고 생각해주는 친구가 있어서 B가 정말 큰 힘이 되었을 거야. 선생님한테도 정말 큰 도움을 주었고.

혹시 B에게 무슨 일이 있었을까? A는 B가 왜 죽고 싶다는 생각을 하게 되었는지 듣거나 예상되는 게 있니? 음… 그렇구나. 그래. 일단은 우리가 B와 만나서 직접 이야기를 해보는 게 중요할 것 같아. 자살을 생각하고 있는 사람에게 직접적으로 자살에 대한 이야기를 하는 것이 위험하다고 생각하지만 사실은 자살에 대한 이야기를 직접적으로 하는 게 오히려 자살을 막는 데 큰 도움이 돼. 일단 선생님이 B를 불러서 절대로 A가 말을 했다고는 하지 않고 요즘 힘들어 보이는데 무슨 일이 있었는지 물어보면서 이야기를 해볼게. 혹시 나중에 B가 죽고 싶다는 이야기를 한 번 더 하거나 갑자기 자살에 대한 단서를 남기게 되면 선생님한테 꼭 말해줄래?

오늘 A의 용기가 선생님한테 정말 큰 힘이 되었어. 다시 한번 용기를 내서 선생님을 찾아와줘서 정말 고맙다. A야. 이상입니다.

답안 2의 Tip

용기를 내서 친구를 돕기 위해 상담실을 방문한 학생에게는 지지와 격려가 필요합니다. 친구를 돕기 위해서지만 선생님에게 친구의 비밀 이야기를 하는 것이 죄책감으로 다가오기도 하기 때문입니다. 학생이 용기를 낸 만큼 책임감을 가지고 학생이 걱정하는 일이 벌어지지 않도록 최선을 다해야 한다고 생각합니다. 이 과정에서 제보를 해준 학생에 대한 익명성을 보장하는 것도 중요합니다.

학생과 상담 중에 학생의 손톱을 뜯은 흔적과 손목에 칼로 그은 상처가 있다는 것을 알게 되었습니다. 물어보니 학생은 스트레스로 괴로울 때면 자해를 했다고 합니다. 이런 학생에게 어떻게 도움을 제공할 수 있을지 말해보시오.

답안 1

괴로운 상황에서 자해를 한 학생에게 저는 다음과 같은 도움을 제공하겠습니다.

첫째, 학생이 감정을 표출할 수 있는 상담을 진행하겠습니다. 자해 행동은 자신에 대한 분노, 절망감, 우울감, 죄책감 등의 여러 감정에 대한 표현일 수 있습니다. 학생이 어떤 감정을 갖고 자해 행동을 했는지 파악한 후에 그 감정들을 말로 표출할 수 있게끔 도울 것입니다.

둘째, 학생이 자신의 감정에 대한 이해를 하고 말로 표현한 후에는 자해를 대신할 수 있는 대안적인 행동을 알려주겠습니다. 학생이 자해를 하는 이유는 괴롭고 답답한 마음에 자신을 해하는 것입니다. 학생이 건강한 방법으로 자신의 스트레스를 해소할 수 있도록 방법을 알려주겠습니다. 괴로운 마음이 들 때 할 수 있는 구체적인 대안 행동을 여러 가지 제시해주고 학생과 함께 대안 행동을 설정해보겠습니다. 다음으로 학생이 일상생활에서 실천할 수 있도록 직접 시연해보고 역할연습을 같이 해보면서 새로운 방법을 익혀 긍정적으로 변화할 수 있도록 돕겠습니다.

셋째, 학생의 지지체계를 확인하고, 구축하겠습니다. 자해를 하고 있는 상황은 학생에게 심리적 응급처치가 필요한 상황입니다. 학생이 심리적으로 안정감을 느끼고 회복할 수 있도록 지지체계를 구축하는 것은 매우 중요합니다. 학생의 부모님과 협력하여 학생이 가정에서 편안함을 느낄 수 있도록 하고, 학생의 교우관계를 확인하여 학교생활에 있어서도 적응을 돕겠습니다.

🏫 **답안 1의 Tip**

손톱을 물어뜯는 것을 가볍게 생각할 수 있는데 자해의 한 가지 형태로 세심한 관찰이 필요합니다. 자해의 이유는 분노, 절망감, 우울, 죄책감 등 정말 다양할 수 있습니다. 자신을 해하는 방법이 아닌 건강한 방법으로 감정을 표출하도록 알려주는 것이 중요합니다.

답안 2

학생상담 중 학생이 스트레스로 괴로울 때면 자해를 한다는 것을 알게 되었을 때 저는 다음과 같은 3가지 도움을 제공하겠습니다.

첫째, **학생의 힘듦에 공감하고 위로하겠습니다**. 학생이 이렇게 힘든 것을 상담교사로서 먼저 알아주지 못한 점에 대한 미안함을 학생에게 먼저 전하고 싶습니다. **내 마음을 알아주는 사람**이 단 한 명만 있어도 세상이 아름답게 보인다고 합니다. 학생이 자해를 하는 행동에 대해 판단하기보다는 학생이 얼마나 힘들었으면 그런 선택을 하게 되었을지 학생과 이야기를 나누고 위로하고 싶습니다.

둘째, **ABC기법을 활용**하여 자해가 일어나는 **상황들이 통제될** 수 있도록 하겠습니다. 학생이 자해를 할 때 사전에 어떤 사건이 있었는지, 원인이 되는 사건은 주로 무엇인지 파악하겠습니다. 필요하다면 학생과 이야기를 나누고 가정에도 전달하여 학생에게 자해 충동을 일으키는 상황들이 통제될 수 있도록 하겠습니다. 또한 사건이 발생할 때 어떤 사람들에게 연락할지 미리 정해두고 사건이 발생하였을 때는 다른 행동을 선택할 수 있도록 지도하겠습니다.

셋째, 학생이 스트레스 상황에서 할 수 있는 **다른 대안 행동들**에 대해서 알려주고 함께 시연해보겠습니다. 스트레스 상황에서 흥분하거나 감정반사행동으로 자해를 하지 않도록 긴장이완법, 심호흡법을 함께 연습하며 충동을 스스로 관리할 수 있도록 하겠습니다.

학생이 저에게 이 말을 하기까지 얼마나 용기를 내었을지 생각하면 지금이라도 알게 된 것에 참 감사하다고 생각합니다. 저는 상담교사로서 책임감을 가지고 학생을 보호하겠습니다.

> **답안 2의 Tip**
> 자해의 경우 비자살성 자해인지 자살성 자해인지도 중요합니다. 어떤 종류의 자해인지 학생과 대화를 통해 판단하고 이후 적절하게 대처할 수 있어야 합니다.

45 부모님과의 갈등으로 학생이 자살을 하고 싶다고 말했을 때 학생에게 어떤 도움을 제공할 수 있을지 말해보시오.

답안 1

부모님과의 갈등으로 인해 자살을 생각하고 있는 학생에게 저는 다음과 같은 도움을 제공하겠습니다.

첫째, 학생이 느낄 수 있는 감정을 인정해주고 공감해주겠습니다. 학생이 혼자만 이런 상황을 겪는 것이 아니라 누구나 겪을 수 있다는 것을 설명해주고 학생의 감정이 보편적으로 느낄 수 있는 감정임을 말해주겠습니다. 학생이 부모님과의 갈등을 겪으면서 죄책감을 갖기도 하고 때로는 자신이 할 수 있는 게 없다는 생각에 무력감을 느끼게 될 가능성이 있습니다. 학생의 현재 감정을 수용해주면서 안정감을 느낄 수 있도록 돕겠습니다.

둘째, 학생의 욕구를 파악하여 성장할 수 있는 긍정적인 요소를 찾아줄 것입니다. 학생이 부모님과 갈등을 겪고 있는 상황이라면 학생의 욕구와 부모님의 욕구가 충돌하는 상황일 것입니다. 학생이 원하는 것이 무엇인지 찾아보고 그 속에서 학생이 발전할 수 있는 요소를 스스로 발견하게 함으로써 자살이라는 부정적 행동에서 벗어나 더 넓은 관점에서 긍정적인 조망을 할 수 있도록 돕겠습니다.

셋째, 부모님과의 갈등 상황이기 때문에 부모님과의 협력이 필요합니다. 상담한 내용을 학생이 부모님께 알리는 것을 원하지 않을 경우가 있습니다. 자살에 대한 내용은 비밀보장 예외 사항에 해당이 되지만 학생의 정서를 고려하여 사전에 동의를 구한 후 부모님께 연락을 드려 학생의 감정 상태와 어려움을 말씀드리고 상담을 지속하겠습니다.

🏫 답안 1의 Tip

학생이 자살을 이야기한다는 것은 자신이 아주 절박한 상황에 놓여 있음을 알려주는 시그널일 것입니다. 교사가 이러한 시그널을 잘 받아주고 공감해주며 함께 긍정적인 방법을 찾아보는 노력을 보여준다면 학생도 분명히 변화할 것입니다.

(답안 2)

부모님과의 갈등으로 자살을 하고 싶다는 학생이 있을 때 저는 상담교사로서 다음과 같은 3가지 도움을 제공하겠습니다.

첫째, 학생의 입장에서 생각하고 공감하겠습니다. 부모님과의 갈등은 사춘기 때에는 당연히 있는 것이라고 생각할 수 있지만 학생이 자살을 생각할 만큼 괴로움을 느끼고 있는 것이 중요하다고 생각합니다. 또한 부모님과의 갈등을 이야기하기 위해 학생은 큰 용기를 내었다고 생각합니다. 따라서 저는 학생을 판단하지 않고 학생의 마음에 공감하며 이야기를 들어주고 싶습니다. 이를 통해 학생이 상담실에서 편안함과 안정감을 느낀다면 학생의 정서적 안정에도 큰 도움이 될 것이라고 생각합니다.

둘째, 빈 의자 기법을 활용해 보겠습니다. 빈 의자 기법을 통해 학생이 평상시 부모님에게 하고 싶었던 말, 자신의 감정을 전부 풀어놓을 수 있도록 하겠습니다. 학생이 부모님과의 갈등에서 자살 충동을 느끼는 것은 아직 이 관계에서 해결하지 못한 감정의 덩어리가 크게 존재하고 있기 때문이라고 생각합니다. 부모님이라는 관계의 특수성으로 인해 부모-자녀 사이에 갈등이 생길 시 복잡하고 많은 감정을 가지게 됩니다. 학생이 자신의 이러한 감정을 이해하고 또 객관적으로 상황을 인식함을 통해 감정을 정리하여 자살 충동으로 이어지지 않도록 돕겠습니다.

셋째, 부모님과 함께 가족상담을 진행하겠습니다. 학생이 자살 충동을 느끼는 근원적인 원인이 해결되기 위해서는 부모님도 학생이 어떻게 느끼는지 알 필요가 있다고 생각합니다. 학생이 자살하고 싶다는 사실을 부모님께 알리는 것에 대해서 반대할 수도 있지만 학생이 걱정하는 점들을 잘 듣고 학생의 동의를 얻어 부모님께 알리고 가족상담을 통해 도움을 받을 수 있도록 하겠습니다. 학교에서 이루어지는 가족상담을 부담스러워하시거나 거부하시면 전문기관에 연계하여 이루어질 수 있도록 돕겠습니다.

답안 2의 Tip

흔히 부모님과 갈등이 있다고 하면 그러려니 하고 넘어가기도 합니다. 하지만 학생의 입장에서는 자살 충동을 느낄 정도로 심각한 일입니다. 어떻게 보면 개인적인 가정사로도 보일 수 있어 학부모님과 이야기를 나누는 것이 부담스러울 수도 있습니다. 하지만 학생을 보호할 의무를 가지고 있는 교사로서 자살에 대한 충동을 느끼는 학생을 어떻게 도와줄 수 있을지에 대한 고민은 반드시 필요하다고 생각합니다.

46 상담 중 자살하고 싶다는 이야기를 하는 학생이 있습니다. 학생의 안전 문제로 가정에서도 도움을 받기 위해 해당 학생의 부모님과 전화로 상담을 하려고 합니다. 이때 학부모님과 어떻게 상담할지 실제 대화처럼 말해보시오.

답안 1

안녕하세요. ○○○학생 어머님(아버님). 저는 (상담 또는 담임)교사 △△△입니다. 학생에 대한 이야기를 어머님과 함께 나누고 싶어 이렇게 전화 드리게 되었습니다. 학생이 최근에 저와 상담을 하면서 자신의 생각도 잘 이야기하고 스스로 감정을 표현하고 해소하려고 노력을 하고 있습니다. 자신의 이야기를 하는 것은 큰 용기가 필요한 일인데 ○○이가 상담을 통해 도움도 요청하고 힘든 점을 많이 털어놓기도 합니다.

어머님, 사실 지난번 상담에서 ○○이가 죽고 싶다는 이야기를 했었습니다. 어머님과 제가 함께 ○○이를 도와주면 좋을 것 같습니다. 학생이 죽고 싶다는 이야기를 해서 어머님께서도 많이 놀라셨을 것 같아요. 아이들이 자살을 이야기하는 것은 자신의 상황이 어렵고 힘들어서 도움을 요청하는 것입니다. 자신이 빠져나올 수 없는 터널 속에 갇혀 있다고 느끼는 것입니다. 또한 학생들은 자살 이야기를 하면서 자기 자신에게 죄책감을 느끼고 부모님께 죄송하다는 생각을 많이 합니다. 혹여나 부모님께서 다그치실까 걱정해서 부모님께 비밀로 해달라는 경우도 많습니다. 어머님께서 ○○학생의 마음을 이해하고 수용해주신다면 학생에게 큰 위로가 될 것입니다. ○○이는 스스로 회복할 수 있는 능력이 있습니다. ○○이의 마음에 공감해주시고 ○○이를 믿어주신다면 학생이 자신의 터널 속에서 빠져나올 힘을 얻을 것이라 생각합니다.

답안 1의 Tip

학부모 상담을 하라는 상황에서 학생이 자살하고 싶다는 이야기를 전달할 때 학생이 상담에서 노력했던 부분을 먼저 이야기해주는 것이 중요한 것 같습니다. 이후 자살이라는 이야기로 놀라셨을 학부모의 마음에 공감하고, 학생이 자살이라는 이야기를 꺼낸 근본적인 이유와 부모님의 도움이 필요함을 잘 설명하는 것이 좋습니다. 덧붙여서 학부모님께 '자살'이라는 단어를 써도 되는지 고민하실 수 있는데 자살이라는 단어를 사용하여 뜻을 명확하게 전달하는 것이 중요하다고 생각합니다.

> 답안 2

자살 충동을 느끼는 학생의 안전을 위해 학생의 부모님과 전화로 상담하려고 할 때 저는 다음과 같이 말하겠습니다.

안녕하세요 ○○○학생 보호자 되시나요? 네, 어머니(또는 아버지). 안녕하세요. □□고등학교 상담교사 △△△입니다. 제가 전화 드려서 많이 놀라셨죠? 다름이 아니라 오늘 ○○○학생에 대해 보호자분과 이야기 나누고 싶은 것이 있어 이렇게 연락 드리게 되었습니다. 혹시 지금 집에 학생이 있다면 학생이 없는 분리된 공간에서 이야기 나눌 수 있을까요? 감사합니다.

오늘 ○○이와 이야기를 나누어봤는데 ○○이가 자살에 대한 이야기를 했습니다. 혹시 이런 이야기에 대해서 들어보셨을까요? 혹시 ○○이가 집에서는 좀 어떨까요? 네, 그렇군요. ○○이가 자살을 생각하고 있다는 말을 듣고 많이 놀라셨죠? 힘드시겠지만 ○○이의 마음을 그대로 받아들여 주세요. 자살이라는 것 자체보다 ○○이가 자살을 하고 싶을 만큼 힘들었다는 마음에 집중해주세요. 저는 ○○이가 이렇게 용기를 내어 저희에게 말을 해준 것만으로도 정말 감사하더라구요. ○○이가 용기를 낸 만큼 저희도 ○○이를 나무라기보다는 함께 이겨낼 수 있다면 좋을 것 같습니다.

어머니, ○○이가 자살을 생각하고 있는 만큼 안전상의 문제가 우려되어 가정에서의 협력과 도움이 필요할 것 같아요. 혹시 가정에서 ○○이가 위험한 행동을 하지는 않는지 또는 자살을 시도하고 있지는 않은지 관심을 가지고 꼭 지켜봐주세요. 그리고 긴급한 사안이 생긴다면 저에게도 말씀해주세요. ○○이와 바로 이야기 나눌 수 있도록 하겠습니다. 학교에서도 계속 이어서 학내상담을 진행할 계획입니다만 혹시 필요하다면 전문적인 정신의학적 도움을 받을 수 있는 전문기관에 연계되어도 좋을 것 같다고 생각합니다. 이 부분에 대해서는 어떤 기관이 있을지 제가 좀 더 알아보고 다시 연락드리도록 하겠습니다.

오늘 많이 놀라셨을텐데 이렇게 이야기를 침착하게 잘 들어주셔서 너무 감사합니다. 학교에서도 ○○이를 위해 최선을 다하겠습니다. 혹시 더 궁금하신 점이 생기시거나 저와 상담을 하고 싶으실 땐 언제든지 상담실로 다시 연락주세요. 감사합니다.

답안 2의 Tip

사실 위기사안의 경우 부모님이 어떤 반응을 보이실지 몰라 대면으로 진행하는 것이 가장 바람직하다고 생각합니다. 크게 당황하여 패닉하거나, 학생에게 당장 달려가 무리하게 이야기할 것을 강요할 수도 있기 때문입니다. 이러한 여러 요소들을 방지하고 부모님과 침착하게 이야기를 나누기 위해서 대면상담이 잘 이루어진다면 좋겠지만 부모님의 사정상 어려움 또는 학교의 사정이나 지금과 같은 코로나19 상황과 같이 불가피한 경우 화상이나 전화로 진행을 해야 하기도 합니다.

코로나19 교육 사각지대

47 평소에 활동량이 많았던 학생A는 코로나19로 학교도 못 나가고 친구들과 만나는 것도 힘들어져 슬픕니다. 이전에는 친구들과 만나거나 운동을 하며 스트레스를 풀었는데 이제는 그것도 힘듭니다. 학생A는 코로나 상황이 언제 끝날지 몰라 더 답답함을 느끼는데 조금씩 우울하고 화가 나기도 한다고 합니다. 학생A와 학생상담을 진행하려 할 때 어떤 도움을 줄 수 있을지 말해보시오.

답안 1

첫째, 현재 스트레스 상황을 점검하고, 자신의 감정을 정확하게 알도록 도와주는 것이 필요합니다. 학생이 코로나 상황으로 인해 우울과 분노를 느끼고 있는데 이러한 감정은 나쁜 감정이라고 생각하고 있는 것은 아닌지, 감정을 표현하는 것이 혹여나 나약한 방법이라고 생각하는 것은 아닌지 감정에 대한 올바른 이해를 가질 수 있도록 학생의 감정을 수용해주어야 합니다.

둘째, 학생이 스스로 감정을 조절할 수 있도록 마음챙김 기술들을 소개해주겠습니다. 감정 일기를 통해 매일 자신의 기분을 살펴보고 부정적인 감정을 긍정적으로 바꾸어보거나 타인에게 도움을 요청하도록 하겠습니다. 학생들이 자신의 감정을 조절하는 것도 매우 중요하지만 문제 상황에 부딪쳤을 때 적극적으로 개선할 수 있다는 것도 알려주어야 합니다. 이러한 기술들을 일상에서 실천해볼 수 있도록 여러 가지 마음챙김 방법을 알려주겠습니다.

셋째, 대안적인 행동을 제시하겠습니다. 친구들과 직접 만나지 않더라도 온라인상에서 실시간 소통을 할 수 있는 장을 마련해주는 것도 좋습니다. 랜선 운동, 방구석 게임 등과 같은 이름으로 친구들과 각자의 집에서도 소통하고 어울릴 수 있는 기회를 제공하겠습니다. 온라인 수업이 지속되면 학생들의 소속감도 낮아지고 자신이 혼자서 잘 하고 있는 것인지 의문을 갖게 됩니다. 친구들과 짝을 지어주어 서로의 학습을 체크하고, 일상을 나누게 해주는 것이 중요합니다.

답안 1의 Tip

코로나19로 인해 학생들의 심리방역이 굉장히 중요하게 되었습니다. 각자의 공간에서 생활하다보니 우울감과 불안감을 느낄 수 있습니다. "따로 또 같이"라는 말처럼 학생들이 각자 따로 생활하지만 같이 감정을 조절하는 기술을 배우고, 대안적인 행동을 해보는 방법을 생각해보았습니다.

> 답안 2

코로나블루에 가장 취약한 것이 외향형 아이들이라는 말이 있습니다. 활동량은 많지만 밖으로 나갈 수 없고 친구들과도 만날 수 없어 스트레스가 쌓인다고 합니다. 지금 학생A도 끝나지 않는 코로나 상황으로 답답함과 화를 느끼고 있습니다. 저는 학생A와 상담을 진행할 때 다음과 같은 3가지 도움을 주도록 하겠습니다.

첫째, <mark>외향형 아이들을 위한 온라인 집단상담</mark>을 실시하겠습니다. 학생A뿐만 아니라 활동량은 많지만 코로나19로 인해 스트레스가 많은 학생들을 모아 함께 온라인 집단상담을 진행해보도록 하겠습니다. 이를 통해 학생들이 자신만 힘든 것이 아니고 나와 비슷한 고민을 하는 친구들도 많다는 것을 느끼며 서로 지지하고, 함께 이겨낼 수 있도록 하겠습니다.

둘째, <mark>마음백신 키트</mark>를 만들어 제공하겠습니다. 마음백신 키트를 만들어 함께 DIY 그림 그리기, 팔찌 만들기, 컬러링북 등을 줌이나 화상매체를 활용하여 함께 하며 학생이 코로나 상황에서도 정서적인 안정을 잘 찾을 수 있도록 하겠습니다.

셋째, <mark>가정과 연계</mark>하도록 하겠습니다. 학생이 가정에 머무는 시간이 길어진 만큼 가정과 연계를 했을 때 더 효과적인 상담이 이루어질 수 있다고 생각합니다. 부모님께 가정에서 쓸 수 있는 상담기법을 안내하여 학생이 답답함이나 화를 느낄 때 잘 해소할 수 있도록 하겠습니다.

답안 2의 Tip

코로나 상황이 계속되며 학생들의 정서를 위해 어떤 도움을 줄 수 있을지 많은 선생님들이 함께 고민하고 있습니다. 교육기사에도 관련된 내용들이 많이 나와 있으니 선생님들께서도 한번 참고해보신다면 좋겠습니다.

48

올해 새롭게 전학 온 학생A는 학교생활 때문에 힘들어합니다. 코로나가 시작되고 나서 전학을 온 터라 친구들을 사귀기가 쉽지 않고 왠지 서먹한 것만 같습니다. 그러다 보니 모르는 숙제나 궁금한 게 있어도 주눅이 들어 그냥 넘어가는 경우도 있습니다. 이전 학교에서는 친구들도 많고 행복했는데 왜 전학을 왔나 싶어 우울합니다. 학생을 도와줄 수 있는 온라인 학급 프로그램을 제시하여 말해보시오.

답안 1

코로나 상황에서 전학 온 학생들은 친구들과 관계 맺는 것에 어려움을 호소하는 경우가 많습니다. 교사는 온라인 상황에서도 학생들이 소속감을 느끼고 서로 친해질 수 있도록 여러 기회를 제공해야 합니다. 학급에서 활용할 수 있는 프로그램으로 다양한 랜선 소모임을 운영해보려고 합니다. 학생들의 관심사를 모아서 동아리처럼 4~5인으로 구성하여 "랜선 독서 소모임", "랜선 식사 소모임" 등과 같은 소모임을 만들어보겠습니다. 기한을 두어 소모임 구성원도 돌아가면서 구성하여 학생들도 다양한 친구들과 소통할 수 있도록 하겠습니다. 전체 학급의 학생 수가 많기 때문에 모두가 하나의 프로그램에 참여하면 자신의 이야기를 할 시간이 부족할 수 있습니다. 여러 명이 있는 자리에서 자신의 이야기를 하기 싫어하는 학생이 있을 수 있고, 전학생의 경우에도 모두와 소통하기는 쉽지 않습니다. 따라서 학급 내에서도 소모임을 여러 개 만들어서 전학생이 여러 친구들을 사귈 수 있는 장을 마련해주는 것이 좋은 방법이라 생각합니다.

답안 1의 Tip

오프라인이 아닌 온라인에서 학생과 함께하는 학급 프로그램을 준비하려면 교사는 더 체계적인 계획이 필요합니다. 서로의 얼굴을 직접 바라보고 의사소통하는 것이 아니기 때문에 어려움이 있고, 학생들의 참여도 이끌어내기가 쉽지 않습니다. 이러한 어려운 상황에서 프로그램을 제시하라는 문제에는 구체적인 방법을 생각해서 실제로 학생들과 해볼 수 있는 프로그램을 답안으로 제시하면 좋을 것 같습니다.

> 답안 2

코로나로 인해 원격수업들이 진행되며 전학 온 학생들은 학교적응에 더욱 어려움을 겪게 됩니다. 학생A와 같이 코로나 상황에서 새롭게 전학을 온 학생들의 적응을 돕기 위해 저는 상담교사로서 ZOOM이나 유튜브 라이브를 활용하여 학급 학생들이 고민을 나누는 라이브 집단상담을 프로그램으로 진행해보겠습니다. 라이브 집단상담을 학급 프로그램으로 진행했을 때 다음과 같은 3가지 장점이 있다고 생각합니다.

첫째, 학생들이 자유롭게 많은 대화를 나눌 수 있습니다. 이 프로그램을 통해 학생A와 같이 새롭게 전학 온 학생들도 다른 학생에 대해서 좀 더 잘 알 수 있게 되고 대화를 할 수 있는 기회가 만들어진다고 생각합니다.

둘째, 학생A에 대한 이야기를 자연스럽게 학생들에게 전달할 수 있습니다. 새롭게 전학을 와서 가지고 있는 고민을 학생A가 다른 친구들에게 말할 수 있는 기회를 주어 학급의 학생들이 학생A에게 관심을 가지고 학생A는 마음이 좀 더 편안해질 수 있다고 생각합니다.

셋째, 학급에 대한 소속감과 유대감이 높아집니다. 서로 힘든 이야기를 하며 위로하는 과정에서 전체 학생에 대해 학급에 대한 소속감과 유대감이 높아질 수 있다고 생각합니다. 이를 통해 학생들이 주변 친구들의 어려움에 관심을 가지고 배려하는 학급 분위기를 만들어 전학 온 친구들이 더 잘 적응하는 것을 기대할 수 있습니다.

답안 2의 Tip

온라인으로 했을 때 제한이 되는 것들이 있지만 오히려 더 자유로워지는 부분들도 있습니다. 온라인 매체의 좋은 점들을 활용하여 수업을 구성하면 좋을 것 같고, 다양한 온라인 매체들이 있으니 어떤 것을 활용해볼 수 있을지 고민해보는 것도 좋을 것 같습니다.

> **49** 코로나19로 인해 학생의 학습뿐 아니라 정서적인 부분에 있어서도 사각지대가 발생할 수 있습니다. 학습과 정서의 사각지대를 줄이기 위해 교사는 어떤 자세로 어떠한 노력을 해야 하는지 본인의 교육관과 관련하여 말해보시오.

답안 1

학생들은 자신들의 속도와 자신들의 방향에 맞게 성장합니다. 조금 느린 학생도 있고, 방향이 다른 학생도 있습니다. 학교는 학생들이 각자 자신의 개성을 가지고 있지만 하나의 공동체 속에서 행복할 수 있도록 성장을 지원하는 곳이라 생각합니다. 따라서 학교에서는 한 명의 학생이라도 소외되지 않고 사각지대가 발생하지 않도록 교사의 세심한 지원이 필요합니다.

첫째, 학습의 사각지대를 줄이기 위해서는 ==교사의 개별 피드백을 활성화==해야 합니다. 온라인 상황에서는 학생들의 학습 상황을 직접 대면해 눈으로 보지 않기 때문에 학생의 수업태도와 집중도를 알기가 어렵습니다. 온라인 플랫폼이나 모바일을 통해 학습 후 이해도 점검, 학습 정도 확인 및 학습상담이 이루어져야 합니다. 학생이 수업에 잘 참여하지 못하거나 이해하지 못했을 경우 보충학습이 이루어질 수 있도록 지원해야 합니다. 또한 학생이 기초학력 부진을 보이고 있는 것은 아닌지 확인해보고 이에 따른 학습 안전망을 구축해야 합니다.

둘째, 정서적 사각지대를 줄이기 위해서는 교내에서 교사들이 ==‘정서지원팀’을 이루어 상담을 실시==해야 합니다. 정서적 어려움이 있는 학생의 경우 정서지원팀에서 함께 회의하고 학교상담을 받도록 하거나 학교 지원에 한계가 있을 경우에는 외부기관 연계로 이어져야 합니다. 뿐만 아니라 정서지원팀과 해당 학생의 학부모가 지속적으로 소통하여 학교와 가정이 협력해 학생을 도울 수 있어야 합니다.

우리 교육은 한 명의 학생도 포기하지 않고 학생의 온전한 성장을 지원하고 있습니다. 교육에 있어서 학습과 정서적 사각지대가 발생하지 않기 위해서는 교사의 관심과 애정 아래 적극적이며 체계적인 지원이 필요하다고 생각합니다.

답안 1의 Tip

코로나19로 인해 원격수업이 시작되면서 학습과 정서적 사각지대가 많이 발생했습니다. 교육부, 각 시도교육청에서도 사각지대를 줄이기 위한 정책, 프로그램 등을 많이 제시하고 있습니다. 시책과 교육저널 등을 잘 이해하고 있는지도 매우 중요합니다. 이를 본인의 교육관과 연관시켜 미리 생각해봐야 할 것입니다.

> 답안 2

코로나19로 학교현장에 다양한 변화의 바람이 불었습니다. 그러나 교육의 형태는 변화하였지만 그 본질은 달라지지 않았다고 생각합니다. 여전히 학교는 교육을 위한 장소이고, 교사는 학생들의 배움이 지속될 수 있도록 노력해야 한다고 생각합니다. 코로나19로 인해 나타나는 학습과 정서의 사각지대를 줄이기 위해 필요한 교사의 자세와 노력을 저의 교직관과 연결하여 3가지로 말씀드리겠습니다.

첫째, 교육을 지속시키기 위한 상황에 맞는 새로운 형태의 교육을 제공하는 자세입니다. 이를 위해 교사는 원격수업에 대비하고 단순한 지식전달자가 아닌 그 이상의 역할을 통해 새로운 형태의 교육을 구성해 나가는 노력이 필요합니다.

둘째, 학생들의 가능성을 이끌어내는 퍼실리테이터로서의 자세입니다. 학생들의 자기주도 학습력을 향상시킬 수 있는 교육을 제공하는 것은 중요합니다. 교사는 학생들이 스스로 문제 탐색을 하고 해결하려는 노력을 이끌어내기 위해서 어떻게 해야 할지 퍼실리테이터로서 끊임없이 고민하고 노력해야 합니다.

셋째, 정서적 지지자로서의 자세입니다. 상담자로서 학생들의 정서안정을 위해 노력하고 진심으로 공감하는 노력이 필요합니다. 학생을 잘 가르치는 것뿐만 아니라 학생을 믿어주고 지켜주는 것 또한 교사의 중요한 역할이라고 생각합니다.

답안 2의 Tip

코로나 상황에서 교육의 형태는 변화했지만 그 본질은 여전히 변하지 않았다고 생각합니다. 먼저 여러분의 교직관이 무엇인지 고민을 해보는 것이 중요합니다. 자신의 교직관에 기반하여 이런 교사가 되기 위해서는 어떤 자세가 필요한지 또 어떤 노력을 해야 할지 생각해본다면 좋을 것 같습니다.

코로나19로 인해 원격수업이 진행되면서 원격교육에 대한 중요성이 대두되었습니다. 원격교육에 있어서 어려움을 호소하는 학생들에게 개별(1:1) 맞춤형 지원을 진행하려고 할 때 어떤 도움을 제공할 수 있을지 말해보시오.

[답안 1]

원격수업에서 어려움을 호소하는 학생들을 위한 개별 맞춤형 교육을 다음과 같이 제공하겠습니다.

첫째, 온라인 질문 게시판을 활용하겠습니다. 학생들이 언제든지 접속하여 질문할 수 있는 공간을 만들어 개개인의 어려움을 상담하고, 학습에 있어서도 즉각적인 도움을 제공할 수 있을 것입니다.

둘째, 학습 멘토링 프로그램을 실시하겠습니다. 학습에 도움을 희망하는 학생의 자발적인 신청을 받거나 교사·학부모 추천을 통해서 프로그램에 참여하도록 하겠습니다. 학생들이 학습 계획을 세우거나 학습에 어려움이 있을 때 교사가 멘토가 되어 밀착 케어를 하도록 하겠습니다. 교사뿐 아니라 지역사회의 대학과 연계해서 대학생을 멘토로 하여 학생들의 공부법, 진로상담 등을 제공할 수 있을 것입니다.

셋째, 보충·심화학습 콘텐츠를 제공하겠습니다. 학생들의 배움의 속도는 각기 다릅니다. 배움이 느린 학생도, 빠른 학생도 있습니다. 각 학생들이 학습에 흥미를 잃지 않도록 학생의 현재 수준에 따른 보충학습과 심화학습 콘텐츠를 제공함으로써 학생들이 개별 맞춤형 학습을 할 수 있도록 돕겠습니다.

🏫 답안 1의 Tip

개별 맞춤형 교육에 대한 방안을 물었을 때는 학습의 속도가 다른 학생들을 떠올리면 좋을 것 같습니다. 학생들에게 맞춤형 교육을 제공하는 이유는 학생이 공부에 흥미를 잃지 않고 지속할 수 있는 것입니다. 그에 맞는 방안을 떠올린다면 좋은 답변이 될 수 있을 것입니다. 또한 최근 맞춤형 교육에 대한 여러 프로그램들을 시책에서 제시하고 있으므로 참고하면 좋을 것 같습니다.

> 답안 2

　코로나 상황에서도 교육이 지속될 수 있도록 상담교사로서 원격교육에 어려움을 호소하는 학생들에게 개별 맞춤형 교육으로 다음과 같은 3가지를 제시하겠습니다.

　첫째, 자기주도 학습능력을 강화시킬 수 있는 온라인 상담을 실시하겠습니다. 원격수업이 진행되며 학생들이 스스로 학습을 할 수 있도록 하는 자기주도 학습능력이 중요해졌습니다. 계획표 짜기, 체크리스트 쓰기, 성찰일지들을 통하여 학생들이 스스로를 성찰하고 학습할 수 있도록 돕겠습니다.

　둘째, 온라인 자습실을 운영하겠습니다. 꾸준하게 학습하는 시간과 쉬는 시간을 반복하며 몸의 리듬과 학습의 리듬을 형성하고 온라인으로나마 친구들과 함께 자신의 일상을 공유하며 학습에 대한 동기를 높일 수 있도록 하겠습니다. 도움이 필요한 학생들에게는 개별 맞춤형 학습상담도 따로 진행하여 꾸준히 온라인 자습실에 나오며 학습을 지속할 수 있도록 하겠습니다.

　셋째, 학습자기효능감 증진 프로그램을 실시하겠습니다. 자기효능감은 스스로 해낼 수 있다는 믿음입니다. 심리검사를 통해 자기효능감이 떨어지는 학생들에게는 따로 자기효능감 증진상담을 실시하겠습니다. 코로나19로 학습에 어려움을 겪고 좌절하는 학생들에게 이러한 실패를 이겨내는 경험을 통해 자기효능감이 증진된다면 더욱 좋은 경험이 될 것이라고 생각합니다.

답안 2의 Tip

개별 맞춤형 교육은 어려운 것이 아닙니다. 학생의 수준과 상황을 고려하여 학생에게 맞게끔 제공되는 것이 개별 맞춤형 교육입니다. 저는 전문상담에 맞추어 작성해 보았습니다. 선생님들의 과목에 따라 다양한 답변이 나올 수 있는 질문이라고 생각합니다.

memo

memo

공편자약력

이수민
현재 초등학교에서 전문상담교사로 재직하고 있다. 고려대학교에서 전공으로 심리학을 공부하고 융합전공으로 GLEAC(동아시아학)을 공부했다. 사람과 세상에 대한 깊은 호기심으로 다양한 나라의 경험이 있으며 한국형 학교 상담모델에 관심을 가지고 2021 한국교육개발원 위(Wee)프로젝트 학생상담활성화 자료개발팀에 참여하고 있다. 누구나 마음속에 가지고 있는 빛을 찾아주는 것을 목표로 아동, 청소년들의 정신건강 향상을 위해 노력하고 있다.

조현진
현재 서울 공립초등학교의 전문상담교사로 재직하고 있다. 고려대학교에서 상담심리교육을 공부하고 석사학위를 받았다. 고등학교에서 5년간 영어를 가르치다 학교 상담에 꽂혀 상담교사로 전직했다. 영어교사로, 담임교사로 아이들을 지켜보면서 완벽을 요구하는 사회에서 상처받은 아이들의 등을 토닥여주고 싶다는 마음을 갖고 상담을 시작했다. 아이들 자신이 주인이 되는 삶에서 평안과 온전함을 되찾도록 곁에서 따뜻한 격려와 위로를 건네는 '한 사람'이 되려 노력하고 있다.

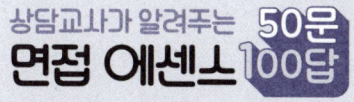

인쇄일	2021년 11월 20일
발행일	2021년 11월 25일

공편자 이수민 · 조현진
발행인 김용관
발행처 ㈜서울고시각
주　소 서울시 영등포구 양평로 157 투웨니퍼스트밸리 10층 1008호
대표전화 02.706.2261
상담전화 02.706.2262~6 | FAX 02.711.9921
인터넷서점 · 동영상강의 www.edu-market.co.kr
E-mail gosigak@gosigak.co.kr
표지디자인 이세정
편집디자인 책나루
편집 · 교정 김소정

ISBN 978-89-526-4009-3
정　가 15,000원

저자와의
협의하에
인지생략

이 책에 실린 내용에 대한 저작권은 서울고시각에 있으므로 함부로 복사 · 복제할 수 없습니다.